Himanshu Monga
Silki Baghla
Komal Khalsa

MANET- Uma abordagem prática

Himanshu Monga
Silki Baghla
Komal Khalsa

MANET- Uma abordagem prática

ScienciaScripts

Cover image: www.ingimage.com

This book is a translation from the original published under ISBN 978-620-2-30451-1.

Publisher:
Sciencia Scripts
is a trademark of
Dodo Books Indian Ocean Ltd. and OmniScriptum S.R.L publishing group

120 High Road, East Finchley, London, N2 9ED, United Kingdom
Str. Armeneasca 28/1, office 1, Chisinau MD-2012, Republic of Moldova, Europe
Managing Directors: Ieva Konstantinova, Victoria Ursu
info@omniscriptum.com

Printed at: see last page
ISBN: 978-620-8-60847-7

ÍNDICE DE CONTEÚDOS

CAPÍTULO 1
INTRODUÇÃO

1.1 VISÃO GERAL DA REDE AD-HOC MÓVEL (MANET)

A rede ad-hoc móvel é um conjunto de nós móveis sem fios que formam uma rede temporária sem administração centralizada. As redes ad-hoc móveis são redes sem fios multihop auto-organizadas e auto-configuráveis, em que a estrutura da rede muda dinamicamente, devido à mobilidade dos nós. Os nós destas redes utilizam o mesmo canal sem fios de acesso aleatório e o encaminhamento multihop. Os nós da rede não actuam apenas como anfitriões, mas também como encaminhadores que transferem dados de/para outros nós da rede [18].

Cada dispositivo numa MANET é livre de se mover independentemente em qualquer direção e, por isso, mudará frequentemente as suas ligações a outros dispositivos. Cada um deles tem de encaminhar tráfego não relacionado com a sua própria utilização, sendo, por isso, um encaminhador. O principal desafio na construção de uma MANET é equipar cada dispositivo para

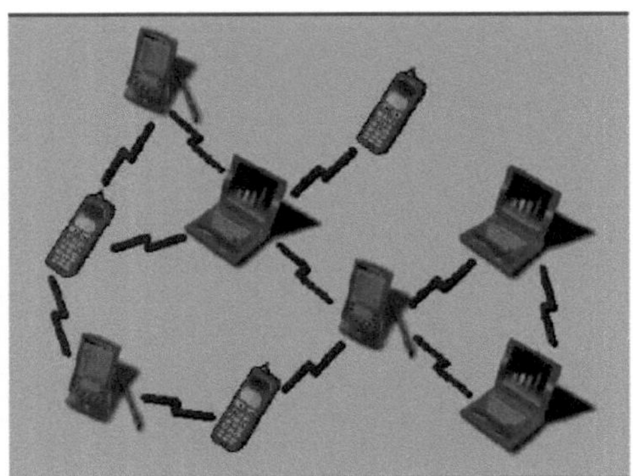

Fig.1.1 Rede Ad-Hoc móvel [10]

Manter continuamente as informações necessárias para encaminhar corretamente o tráfego. Estas redes podem funcionar isoladamente ou estar ligadas à Internet alargada. Podem conter um ou vários e diferentes transceptores entre os nós. Isto resulta numa topologia autónoma e altamente dinâmica. Algumas MANET estão limitadas a uma área local de dispositivos sem fios (como um grupo de computadores portáteis), enquanto outras podem estar ligadas à Internet. Por exemplo, uma VANET (Vehicular Ad Hoc Network) é um tipo de MANET que permite que os veículos comuniquem com o equipamento de estrada. Embora os veículos possam não ter uma ligação direta à Internet, o equipamento de estrada sem fios pode estar ligado à Internet, permitindo que os dados dos veículos sejam enviados através da Internet. Os dados dos veículos podem ser utilizados para medir as condições de tráfego ou acompanhar as frotas de camiões. Devido à natureza dinâmica das MANET, estas não são normalmente muito seguras, pelo que é importante ter cuidado com os dados que são enviados através de uma MANET.

1.2 Aplicação das MANET

Redes tácticas

- Comunicações e operações militares
- Campos de batalha automatizados

> Serviços de emergência

- Operações de busca e salvamento
- Recuperação de desastres
- Substituição de infra-estruturas fixas em caso de catástrofes ambientais
- Policiamento e combate a incêndios
- Apoio aos médicos e enfermeiros nos hospitais

> Comercial e civil

- Comércio eletrónico: pagamentos electrónicos a qualquer hora e em qualquer lugar Ambientes
- Atividade: acesso dinâmico a bases de dados, escritórios móveis
- Serviços veiculares: orientação rodoviária ou em caso de acidente, transmissão das condições rodoviárias e meteorológicas, rede de táxis, redes inter-veiculares
- Estádios desportivos, feiras comerciais, centros comerciais
- Redes de visitantes nos aeroportos

> Casa e empresa

- Página inicial/office rede sem fios
- Conferências, salas de reuniões
- Redes de área pessoal (PAN), Redes pessoais (PN)
- Redes em estaleiros de construção

> Educação

- Universidades e campus universitários
- Salas de aula virtuais
- Comunicações ad hoc durante reuniões ou conferências

> Entretenimento

- Jogos multi-utilizador
- Rede P2P sem fios
- Acesso à Internet no exterior
- Animais de estimação robóticos
- Parques temáticos

> Redes de sensores

- Aplicações domésticas: sensores e actuadores inteligentes incorporados na eletrónica de consumo
- Redes de área corporal (BAN)
- Seguimento de dados das condições ambientais, movimentos de animais, deteção química/biológica

> Serviços sensíveis ao contexto

- Serviços complementares: reencaminhamento de chamadas, espaço de trabalho móvel
- Serviços de informação: serviços específicos de localização, serviços dependentes do tempo
- Infoentretenimento: informações turísticas

> Extensão da cobertura

- Alargar o acesso à rede celular
- Ligação à Internet, intranets, etc.

1.3 Caraterísticas das MANET

As MANET têm as seguintes caraterísticas

> Topologias dinâmicas:

Os nós da rede continuam a mover-se a diferentes velocidades, o que resulta em variações na estrutura da rede.

> Funcionamento com restrições energéticas:

Os aparelhos do mundo eletrónico moderno dependem totalmente das pilhas. A conceção de a rede deve ser optimizada para conservar a energia consumida pelos telemóveis.

> Largura de banda limitada:

A largura de banda da rede sem fios é muito limitada e as redes têm de ser optimizadas para funcionarem com a máxima eficiência dentro da largura de banda limitada.

> Ameaças à segurança:

Quando comparados com os meios de comunicação com fios, os meios de comunicação sem fios são mais afectados pela segurança. A segurança da MANET tem de ser optimizada para que a informação transferida seja segura.

1.4 PROTOCOLOS DE ENCAMINHAMENTO DA MANET

Um protocolo de encaminhamento Ad Hoc é uma convenção, ou norma, que controla a forma como um nó decide qual o caminho a seguir para encaminhar pacotes entre dispositivos informáticos numa rede ad hoc móvel.

Nas redes ad hoc, os nós não estão familiarizados com a topologia das suas redes. Em vez disso, têm de a descobrir: Normalmente, um novo nó anuncia a sua presença e ouve os anúncios difundidos pelos seus vizinhos. Cada nó fica a conhecer os outros que se encontram nas proximidades e a forma de os contactar, podendo anunciar que também os pode contactar.

Em MANET, os protocolos de encaminhamento são de três tipos: [20]

(1) Protocolos proactivos: Proporcionam uma resposta rápida às alterações da topologia, monitorizando continuamente as alterações da topologia e divulgando as informações relacionadas, conforme necessário, na rede, como o Optimized Link State Routing (OLSR) e o Geographic Routing Protocol (GRP), que é um tipo de protocolo de encaminhamento proactivo. No GRP, o Sistema de Posicionamento Global é utilizado para localizar a localização do nó para recolher informações sobre a rede num nó de origem com uma pequena quantidade de despesas gerais de controlo.

(2) Protocolos reactivos: Os protocolos reactivos, como o AODV (Ad hoc in demand distance vetor), só encontram o itinerário quando há dados a transmitir, pelo que geram pouco tráfego de controlo e sobrecarga de encaminhamento. O protocolo de encaminhamento de fonte dinâmica (DSR), cada pacote de dados contém informações de encaminhamento completas para chegar à sua disseminação e cada nó utiliza a tecnologia de cache para manter as informações de encaminhamento.

(3) Protocolos híbridos: Podem ser derivados dos dois anteriores, contendo as vantagens de ambos os protocolos.

Os protocolos que estudámos e utilizámos neste trabalho são os seguintes

- AODV
- DSR
- PRF
- OLSR
- TORA

1.5 MOTIVAÇÃO E ÂMBITO DE APLICAÇÃO

Os protocolos de encaminhamento desempenham um papel muito importante na conceção de qualquer rede ad-hoc móvel. O encaminhamento é um processo de procura de caminhos entre nós. As novas rotas são geradas com base em factores como o tráfego, a utilização das ligações, etc., com o objetivo de obter o máximo desempenho. O protocolo de encaminhamento é um protocolo que especifica a forma como os encaminhadores comunicam entre si, distribuem informações que lhes permitem selecionar percursos entre quaisquer dois nós numa rede informática. Os objectivos do desenvolvimento de protocolos de encaminhamento são reduzir o atraso, melhorar a utilização da largura de banda, reduzir o consumo de energia, reduzir a taxa de perda de pacotes e reduzir a sobrecarga de encaminhamento.

Assim, é imperativo ter o protocolo de difusão mais eficiente para uma rede fiável. Por este motivo, tem havido um interesse recente no desenvolvimento de protocolos de difusão em toda a rede para nós móveis numa MANET.

As redes ad hoc móveis são um conjunto de nós sem fios potencialmente móveis - As ligações de comunicação formam-se e desaparecem à medida que os nós entram (formação de ligações) e saem (falha de ligações) do raio de comunicação uns dos outros.

O escopo principal do trabalho proposto é observar o Desempenho de vários protocolos de roteamento daMANET em relação a diferentes aplicações/traffic.

1.6 OBJECTIVOS DO TRABALHO

Os principais objectivos do trabalho proposto de Avaliação do desempenho de protocolos de encaminhamentoMANET com várias aplicações são os seguintes:

- Avaliação de desempenho deMANET com número variável de nós usando OPNET.
- Implementação deMANET para tráfego como FTP, Voz e Vídeo.
- Avaliação do desempenho da MANET com cinco protocolos, ou seja, AODV, DSR, GRP, OLSR e TORA.

1.7 ORGANIZAÇÃO DO TRABALHO

A organização desta dissertação está dividida em seis capítulos, como se descreve de seguida: O capítulo 1 apresenta a introdução que descreve o material de base necessário para a compreensão da dissertação.

O Capítulo 2 descreve a revisão da literatura.

O capítulo 3 analisa o princípio de funcionamento das várias arquitecturas dos algoritmos MCDM e discute outros parâmetros necessários.

Capítulo 4 - A comparação do desempenho é avaliada e analisada neste capítulo.

O capítulo 5 apresenta as conclusões e discute o âmbito futuro.

CAPÍTULO 2
REVISÃO DA LITERATURA

2.1 REVISÃO DA LITERATURA

Segue-se uma breve descrição dos esforços envidados pelos investigadores no que respeita aos protocolos de encaminhamento em redes ad-hoc móveis:

Anne Marie Hegland, Eliwinjum et al. (2006) [1] apresentaram o estado da arte da gestão de chaves para redes ad hoc e analisaram a sua aplicabilidade na segurança da camada de rede. A análise coloca alguma ênfase na sua aplicabilidade em cenários como as operações de emergência e salvamento, uma vez que este trabalho foi iniciado por um estudo da segurança em MANETs para operações de emergência e salvamento.

Wassim El-Hajj, Ala Al-Fuqaha et al. (2009) [2] apresentaram a proposta de um conjunto de protocolos que permitem um planeamento distribuído e um esquema de encaminhamento para MANETs. O conjunto proposto, que é composto por três protocolos, oferece escalabilidade e aumenta o tempo de vida da rede. O primeiro protocolo, ou seja, o conjunto dominante conectado distribuído rápido (FDDS), constrói a espinha dorsal virtual através da conceção de um algoritmo hierárquico distribuído rápido que encontra um conjunto dominante conectado (CDS) no grafo da rede. O backbone virtual construído tem em conta a energia limitada, a mobilidade e o padrão de tráfego do nó. O segundo protocolo, ou seja, o FDDS-M, propôs um protocolo de manutenção distribuído que preserva a integridade da estrutura hierárquica pelo FDDS. O terceiro protocolo, ou seja, o FDDS-R, utilizou uma seleção inteligente de caminhos que pode ser facilmente incorporada em qualquer protocolo de encaminhamento de estado de ligação existente para selecionar rotas energeticamente eficientes. Os resultados mostraram que os esquemas propostos podem alcançar escalabilidade e eficiência energética e superar algumas das abordagens mais conhecidas, ou seja, quando os três componentes são utilizados para lidar com a comunicação MANET, a escalabilidade e a eficiência energética da rede são melhoradas.

Sungwon Kim, Chul-Ho Lee et al. (2010) [3] apresentaram a primeira investigação de numerosos traços de mobilidade GPS de nós móveis humanos e observaram um comportamento superdifusivo em todos os traços GPS, que se caracteriza por uma taxa de crescimento "mais rápida do que linear" do deslocamento quadrático médio (MSD) de um nó móvel, investigámos depois uma grande quantidade de vestígios baseados em pontos de acesso (AP) e desenvolvemos um quadro teórico baseado no formalismo de passeio aleatório em tempo contínuo (CTRW), no qual se pode identificar o grau de comportamento difusivo dos nós móveis, mesmo sob uma distribuição de tempo de pausa possivelmente de cauda pesada, como no caso da realidade. Estudámos os modelos sintéticos existentes e os modelos baseados em traços em termos da capacidade de produzir vários graus de comportamento difusivo e utilizámos um conjunto de modelos de Levy walk devido à sua simplicidade e flexibilidade. As propriedades difusivas têm um enorme impacto nas métricas baseadas no contacto e no desempenho dos protocolos de encaminhamento em vários cenários, e os modelos existentes, como o waypoint aleatório, o modelo de direção aleatória ou o movimento browniano, conduzem a resultados demasiado optimistas ou pessimistas quando as propriedades difusivas não são devidamente captadas. Assim, sugere que o comportamento difusivo dos nós móveis deve ser corretamente capturado e tido em conta na conceção e no estudo comparativo dos protocolos de rede.

Sunil Taneja e Ashwani Kush (2010) [4] apresentaram uma visão geral dos protocolos de encaminhamento, apresentando as suas caraterísticas, funcionalidade, benefícios e limitações e, em seguida, efectuam uma análise comparativa para analisar o seu desempenho e observações sobre como o desempenho destes protocolos pode ser melhorado. O resultado mostrou que o desempenho de todos os protocolos estudados foi quase estável em meios esparsos com baixo tráfego. O TORA tem um desempenho muito melhor na entrega de pacotes devido à seleção de melhores rotas utilizando o gráfico acíclico. Os resultados também indicam que o AODV continua a melhorar em meios mais densos e a velocidades mais elevadas.

Jahangir Khan (2010) [5] apresentou protocolos de encaminhamento reactivos (a pedido) para uma entrega de dados precisa e com o melhor desempenho em redes ad hoc com frequências diferentes. Nas redes ad hoc móveis em sistema autónomo, o AODV envia muitos pacotes pequenos de controlo de encaminhamento, enquanto o DSR envia menos pacotes de controlo, mas maiores, durante a transmissão dos pacotes de dados. O DSR é mais útil em redes mais pequenas com menos mobilidade e a utilização do AODV é mais adequada em redes ad hoc com maior mobilidade e taxa de transferência de dados. Os resultados mostraram que as redes ad hoc móveis necessitam definitivamente de protocolos de encaminhamento mais precisos para suportar uma maior mobilidade. Os resultados também mostraram que, para uma rede pequena, o DSR é adequado e que, para uma rede média, o AODV é apreciado.

G.Vijaya Kumar, Y.Vasudeva Reddyr et al. (2010) [6] apresentaram um levantamento do trabalho de investigação ativo sobre protocolos de encaminhamento para MANET, o resultado mostrou que os protocolos de encaminhamento proactivos tendem a fornecer uma latência mais baixa do que a dos protocolos a pedido, porque tentam manter rotas para todos os nós da rede durante todo o tempo. Por outro lado, à medida que a mobilidade dos nós na rede aumenta, os protocolos reactivos têm melhor desempenho. Em termos gerais, a resposta ao ponto de debate pode ser que a mobilidade e o padrão de tráfego da rede devem desempenhar um papel fundamental na escolha de uma estratégia de encaminhamento adequada para uma determinada rede. É natural que uma solução específica não possa ser aplicada a todo o tipo de situações e, mesmo que seja aplicada, pode não ser óptima em todos os casos. Muitas vezes, é mais adequado aplicar um protocolo híbrido do que um protocolo estritamente proactivo ou reativo, uma vez que os protocolos híbridos possuem frequentemente as vantagens de ambos os tipos de protocolos.

Sandeep Kaur, Nitin Bhatia et al. (2011) [7] apresentaram uma análise de simulação do protocolo AODV, considerando duas redes, uma com nós mais pequenos e outra com nós maiores. O resultado mostrou que, com um tamanho menor, o AODV dá resultados encorajadores. Mas a taxa de transferência e a carga de encaminhamento são preferíveis em redes de grande dimensão.

Tamilarasan-Santhamurthy (2012) [8] apresentou um estudo lógico sobre a análise do desempenho de três protocolos de encaminhamento ad hoc móvel (OLSR, AODV e TORA) com base nas métricas de desempenho atraso de extremo a extremo, taxa de entrega de pacotes, atraso de acesso aos meios de comunicação, otimização do caminho e sobrecarga de encaminhamento. O resultado mostrou que o OLSR é mais competente em redes de alta densidade com tráfego altamente esporádico. O OLSR exige que o utilizador disponha continuamente de alguma largura de banda para receber as mensagens de atualização da topologia. O AODV continua a melhorar o rácio de entrega de pacotes em redes densas. O desempenho de todos os protocolos foi quase estável em meios esparsos com pouco tráfego. O TORA tem um desempenho muito melhor na entrega de pacotes devido à seleção das melhores rotas utilizando o gráfico acíclico. Concluiu-se que o desempenho do TORA é melhor em redes densas. O AODV é melhor para redes moderadamente densas, enquanto o OLSR tem um bom desempenho em redes esparsas.

Parulpreet Singh, Ekta Barkhodia et al. (2012) [9] apresentaram a análise do desempenho dos protocolos de encaminhamento AODV, DSR e OLSR em MANET. A investigação considera o impacto da escalabilidade, da mobilidade, da carga de tráfego FTP e HTTP da rede em diferentes tipos de protocolos de encaminhamento. Os resultados mostraram que o atraso obtido com o protocolo DSR é o mais elevado e o obtido com o OLSR é o mais baixo. No que respeita à taxa de transferência, a taxa de transferência do OLSR é a mais baixa, mas o AODV tem uma taxa de transferência comparativamente boa, como se pode ver na tabela. No caso do tráfego HTTP, o atraso e a taxa de transferência são inferiores aos do tráfego FTP.

Kuldeep Vats, Mandeep Dalal et al. (2012) [10] apresentaram a simulação do desempenho do protocolo de encaminhamento GRP. O resultado mostrou que o protocolo GRP tem melhor desempenho em termos de atraso, tráfego total enviado e recebido, tráfego de roteamento enviado e recebido em forma de pacote e bit, cópia de pacote, pacote destruído, pacote criado. O mesmo resultado também é válido para outras aplicações de rede.

Naveen Bilandi, Harsh K Verma et al. (2012) [11] apresentaram a comparação do desempenho do protocolo de encaminhamento híbrido, centrando-se no Gathering-based Routing Protocol (GRP) e no protocolo de encaminhamento reativo, centrando-se no Temporally-Ordered Routing Algorithm (TORA). Utilizamos o OPNET para estabelecer os modelos de simulação dos protocolos GRP e TORA na MANET. Estes protocolos foram comparados com base no seu rendimento, atraso e carga de rede, aumentando o número de nós na rede. Os resultados mostraram que o desempenho dos protocolos de encaminhamento varia consoante a rede e que a seleção de protocolos de encaminhamento corretos de acordo com a rede acaba por influenciar a eficiência dessa rede de forma magnífica.

Gurpinder Singh, Jaswinder Singh et al. (2012) [12] apresentaram as questões e o protocolo (OSPF, DSR, AODV, TORA, OLSR, DSDV) de MANET e investigaram o comportamento do protocolo DSR, AODV e TORA utilizando as métricas Throughput e Network Load. Os resultados mostraram que, para 150 nós, o TORA cria menos carga na rede e a taxa de transferência é elevada para o AODV.

Sunil Kumar (2012) [13] apresentou a discussão e a implementação de protocolos de encaminhamento em redes de malha sem fios utilizando streaming de vídeo e voz, o que aumenta a fiabilidade da rede. Os protocolos de encaminhamento são o AODV, o OLSR e o DSR. Os resultados mostraram que o AODV produz o maior débito na rede sem fios e o OLSR o menor atraso na rede sem fios. O DSR voltou a ter o pior desempenho entre os três protocolos, apresentando um débito muito inferior ao do AODV e do OLSR. O AODV e o OLSR tiveram um desempenho bastante bom.

Harmanpreet kaur, Jaswinder singh (2012) [14] apresentaram os protocolos de encaminhamento OLSR, GRP e TORA para redes ad hoc móveis, que foram comparados com base no atraso, na carga, no atraso de acesso aos meios de comunicação e na taxa de transferência. O resultado mostrou que o OLSR tem o melhor desempenho em termos de carga e taxa de transferência, e o GRP tem o melhor desempenho em termos de atraso e sobrecarga de roteamento. O TORA é a pior escolha quando consideramos qualquer um dos quatro parâmetros de desempenho. Em resumo, o OLSR é o melhor em comparação com o GRP e o TORA em todos os volumes de tráfego, uma vez que tem o máximo rendimento.

A.Valarmozhi, M,Subala et al. (2012) [15] apresentaram uma investigação pormenorizada dos actuais protocolos e algoritmos de ponta para as redes móveis móveis. São também discutidas questões de investigação em aberto em todas as camadas de protocolos, com o objetivo de despertar novos interesses de investigação neste domínio. Os resultados mostraram que, com base nos actuais protocolos MAC, de encaminhamento e de transporte, o desempenho da rede não é escalável em função do número de nós ou do número de saltos na rede. Este problema pode ser atenuado aumentando a capacidade da rede através da utilização de múltiplos canais/rádios por nó ou do desenvolvimento de rádios sem fios com maior velocidade de transmissão.

Seon Yeong Han, Dongman Lee (2013) [16] apresentaram um esquema adaptativo de mensagens Hello para suprimir mensagens Hello desnecessárias sem reduzir a capacidade de deteção de ligações quebradas. O resultado mostrou que o esquema proposto reduz o consumo de energia e a sobrecarga da rede sem qualquer diferença explícita na taxa de transferência.

Jatin Gupta, Ritika Gupta (2013) [17] apresentaram os protocolos de encaminhamento TORA, OLSR e GRP para a rede ad hoc móvel , que foram comparados com base no atraso, na carga da rede e na taxa de transferência. O protocolo de encaminhamento GRP destaca-se em termos de atraso e carga de rede, mas apresenta um desempenho médio em termos de taxa de transferência. O protocolo de encaminhamento TORA produz o pior desempenho em todos os parâmetros. O protocolo de encaminhamento OLSR apresenta um rendimento supremo, mas uma carga de rede elevada, ao contrário do GRP. Assim, a conclusão foi que o protocolo GRP é bastante bom para implementar quando o número de nós é menor, é um tipo híbrido de protocolo de encaminhamento e adquire caraterísticas tanto de encaminhamento reativo como proactivo. O OLSR é o melhor em termos de rendimento e é adequado para redes de todas as dimensões.

Uma Mani, Ramasamy Chandrasekaran et al. (2013) [18] apresentaram os protocolos de encaminhamento reactivos e proactivos, centrando-se nos protocolos de encaminhamento DSR, AODV, TORA e OLSR em MANET. O desempenho é melhorado quando o número de nós é menor. A taxa de transferência é elevada no DSR quando o número de nós aumenta, pelo que pode ser utilizado em redes de grande dimensão, mas não é adequado para a transmissão sem fios. O TORA e o AODV têm melhor desempenho do que o DSR e são adequados para redes de maior dimensão.

Sabbar Insaif Jassim (2013) [19] apresentou a comparação entre os protocolos em termos de taxa de transferência, tráfego de encaminhamento recebido, tráfego enviado, carga e atraso com o aumento do número de nós móveis de 10, 25 e 50 nós móveis. Os resultados mostraram que o AODV (protocolo de encaminhamento reativo) era melhor em termos de atraso e tinha menor carga e menor débito do que o GRP (protocolos de encaminhamento reativo e proactivo) e o OSPFv3 (protocolos de encaminhamento proactivo).

Puneet Mittall, Paramjeet Singh et al. (2013) [20] apresentaram alguns dos protocolos de encaminhamento mais utilizados em MANET e compararam o desempenho das cargas de tráfego dos protocolos de encaminhamento AODV, OLSR, GRP e DSR com a base de dados em termos de Atraso, Carga, Atraso de acesso ao meio, Carga de rede, Retransmissão e Taxa de transferência.

Jagdeep Singh, Dr. Rajiv Mahajan (2013) [21] apresentaram os protocolos de encaminhamento AODV e OLSR para redes ad hoc móveis, que foram comparados com base no atraso, na carga da rede e na taxa de transferência. O OLSR supera os outros três protocolos em termos de carga de rede e taxa de transferência. Foram analisados dois protocolos de encaminhamento MANET. O OLSR tem o melhor desempenho em termos de carga de rede e taxa de transferência. O AODV tem o pior desempenho em termos de carga e taxa de transferência. O desempenho do AODV foi melhor no que respeita ao atraso, entre os três parâmetros.

CAPÍTULO 3
PROTOCOLOS DE ENCAMINHAMENTO

3.1 INTRODUÇÃO

O encaminhamento é um processo de encontrar caminhos entre nós. As novas rotas são geradas com base em factores como o tráfego, a utilização de ligações, etc., com o objetivo de obter o máximo desempenho. O protocolo de encaminhamento é um protocolo que especifica a forma como os encaminhadores comunicam entre si, distribuem informações que lhes permitem selecionar rotas entre dois nós numa rede informática. Os objectivos do desenvolvimento de protocolos de encaminhamento são reduzir o atraso, melhorar a utilização da largura de banda, reduzir o consumo de energia, reduzir a taxa de perda de pacotes, reduzir a sobrecarga de encaminhamento, reduzir o número de mensagens trocadas e melhorar o débito [16].

O protocolo de encaminhamento especifica a forma como os nós da rede comunicam entre si e enviam os pacotes para o destino pretendido. O encaminhamento é basicamente um processo de duas etapas: a. determinar os caminhos de encaminhamento óptimos e b. transferir os pacotes através da rede. O pacote é transmitido hop-by-hop de um nó para outro nó, dependendo do algoritmo de encaminhamento que um protocolo de encaminhamento executa para calcular a rota. Inicialmente, cada nó só conhece o seu vizinho de um salto e depois toda a rede.

3.2 CARACTERÍSTICAS DOS PROTOCOLOS DE ENCAMINHAMENTO DA MANET [22]

Os protocolos de encaminhamento MANET têm as seguintes caraterísticas

> **Natureza distribuída:** Numa rede MANET não existe um controlo centralizado. Cada nó é responsável pela transferência dos pacotes e o protocolo deve ser capaz de se adaptar à natureza distribuída da rede MANET.

> **Funcionamento a pedido:** Um protocolo de encaminhamento MANET encontra rotas apenas a pedido ou por necessidade, de modo a utilizar os recursos limitados de forma eficiente. Este tipo de protocolo é também designado por protocolo de encaminhamento reativo.

> **Funcionamento proactivo:** Em determinadas situações, a latência causada pelo cálculo de rotas com base na procura pode ser inaceitável. Por conseguinte, o protocolo de encaminhamento também deve ser capaz de encontrar rotas antecipadamente se houver recursos disponíveis. Este tipo de protocolo é também designado por protocolo de encaminhamento proactivo.

> **Sem ciclos:** Um protocolo de encaminhamento tem de estar isento de ciclos para garantir a entrega correta das mensagens e o funcionamento eficiente da rede .

> **Escalável:** Um protocolo de encaminhamento deve ser escalável. medida que novos nós se juntam e os nós existentes são desligados da rede, o protocolo de encaminhamento deve ser capaz de encontrar novas rotas para encaminhar os pacotes sem ter de reestruturar toda a rede.

> **Segurança:** Uma vez que as MANET são mais vulneráveis a ataques, devem ser tomadas disposições para implementar a segurança utilizando técnicas de segurança IP ou outras técnicas de encriptação.

> **Ligações bidireccionais/não bidireccionais:** Devido à natureza dinâmica das redes MANET, um protocolo de encaminhamento deve ser capaz de funcionar tanto em ligações bidireccionais como unidireccionais.

3.3 CLASSIFICAÇÃO DOS PROTOCOLOS DE ENCAMINHAMENTO DA MANET

Os protocolos de encaminhamento MANET são classificados da seguinte forma

- **Protocolos de encaminhamento proactivos:** Os protocolos proactivos aprendem continuamente [6] a topologia da rede através da troca de informação topológica entre os nós da rede. Assim, quando há necessidade de uma rota para um destino, essa informação está imediatamente disponível. Se a topologia da rede mudar com muita frequência, o custo de manutenção da rede poderá ser muito elevado. Se a atividade da rede for reduzida, a informação sobre a topologia atual pode nem sequer ser utilizada.

- **Protocolos de encaminhamento reactivos:** Os protocolos de encaminhamento reactivos baseiam-se numa espécie de diálogo pergunta-resposta. Os protocolos reactivos procedem ao estabelecimento de rota(s) para o destino apenas quando surge a necessidade.

- **Protocolos de encaminhamento híbridos:** Muitas vezes, a caraterística reactiva ou proactiva de um determinado protocolo de encaminhamento pode não ser suficiente; em vez disso, uma mistura pode produzir uma melhor solução. Assim, nos últimos dias, foram propostos vários protocolos híbridos.

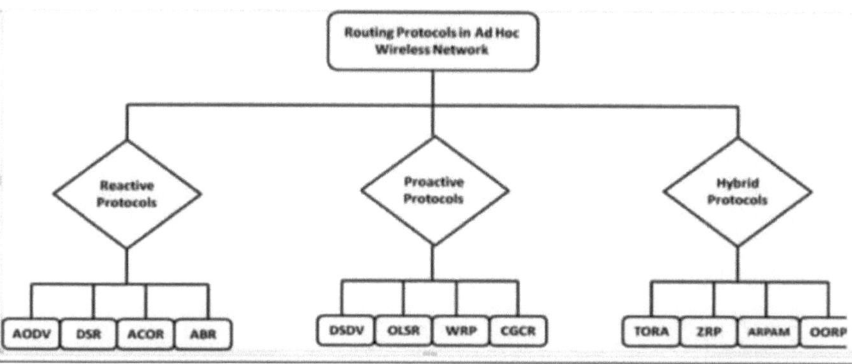

Fig. 3.1 Classificação dos protocolos de encaminhamento de MANET

Os protocolos que discutimos neste trabalho são os seguintes:

> AODV

> DSR

> GRP

> OLSR

> TORA

3.3.1 Protocolo de encaminhamento do vetor de distância ad hoc a pedido (AODV)

O algoritmo de encaminhamento por vetor de distância ad hoc a pedido facilita o encaminhamento dinâmico e multihop sobre nós móveis que participam entre si para estabelecer uma rede ad hoc quando não é necessário transmitir informações ou estabelecer uma rota. O AODV permite que os nós móveis respondam a quebras de ligação e a alterações na topologia da rede [18]. O AODV evita o problema da contagem de bellman ford até ao infinito e foi concebido de forma a que os nós móveis respondam mesmo em caso de rutura de ligações entre os nós de ligação e também tolera quaisquer alterações na topologia da rede, não permitindo que os nós passem a ligação perdida. Para cada entrada de itinerário, o AODV utiliza um número de sequência de destino, o que permite evitar a existência de um loop. Além disso, o número de sequência de destino é gerado no nó de destino, a fim de obter informações sobre o itinerário, para os nós que o solicitam, o número de sequência está associado às informações sobre o itinerário . Se o encaminhamento for possível de duas formas diferentes, o número de sequência mais elevado deve escolher um destino, sendo o nó requerente obrigado a selecionar o que tiver o número de sequência mais elevado.

O AODV tem um conjunto predefinido de identificações, tais como (RREQ, RREP e RERR) para pedido, resposta e erro, respetivamente. Quando é necessária uma rota para um novo destino, um nó transmite a mensagem RREQ para encontrar uma rota. Uma rota é encontrada quando o RREQ chega ao próprio destino. Suponhamos que, se um nó precisa de chegar ao destino, tem de transmitir a mensagem RREQ para encontrar uma rota para chegar ao destino. Quando o RREQ é bem sucedido, chega ao destino especificado. A mensagem RREP (resposta) é reenviada ao destino por defeito para todos os nós que recebem a mensagem RREQ para encontrar o destino, se o destino for encontrado, a mensagem RREP pode ser enviada ao nó de origem. Os nós activos da ligação são continuamente monitorizados para detetar a rutura da ligação, se for detectada uma rutura da ligação, a mensagem RRER é enviada para informar os nós afectados da perda da ligação. O objetivo da mensagem RRER é indicar quais os destinos que estão agora inacessíveis devido à quebra de ligação.

3.3.2 Encaminhamento de fonte dinâmica (DSR)

O DSR é também um protocolo de encaminhamento reativo. Utiliza o conceito de encaminhamento pela fonte. No encaminhamento pela fonte, o remetente conhece todas as rotas hop-by-hop para o destino. Todas as rotas são armazenadas na cache de rotas. Quando um nó tenta enviar um pacote de dados para um destino, não conhece a rota [12]. No DSR, cada nó mantém uma cache de rotas com entradas de rotas que são continuamente actualizadas. A vantagem do DSR é que não são necessários pacotes de encaminhamento periódicos. É utilizado para atualizar as suas caches de rotas através da descoberta de novas rotas. O DSR tem também a capacidade de lidar com ligações unidireccionais. O remetente dos pacotes seleciona e controla a rota utilizada para os seus próprios pacotes, o que também suporta funcionalidades como o equilíbrio de carga. É garantido que todas as rotas utilizadas estão isentas de loops, uma vez que o remetente pode evitar saltos duplicados nas rotas selecionadas. As secções seguintes apresentam as máquinas de estado que implementam um protocolo de encaminhamento DSR simples sem cache. Existem basicamente 4 máquinas de estado separadas para implementar, cada uma tratando de um dos seguintes eventos:

> Enviar dados

Quando um nó pretende enviar dados e a mensagem de dados é acionada como um pedido de envio, o próximo salto tem de ser determinado. Um pedido de rota tem de ser transmitido para descobrir uma rota para o nó de destino. Depois de receber a resposta ao pedido de rota do nó de destino, a mensagem de dados pode ser transmitida através da rota recém-descoberta.

Todo o processo de envio da atividade DSR é apresentado na Fig.3.2

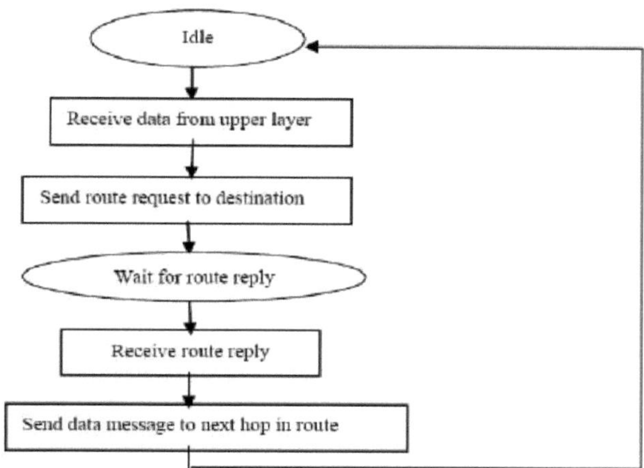

Fig. 3.2 Fluxograma do diagrama de actividades de envio

> Mensagem de pedido de rota de entrada

Quando uma mensagem de pedido de itinerário é recebida por um nó, é necessário efetuar várias tarefas em função do conteúdo da mensagem recebida. Em primeiro lugar, verifica-se se a mensagem já foi processada anteriormente por esse nó. Em caso afirmativo, o pedido é simplesmente rejeitado e não é tomada qualquer ação. Se o pedido de itinerário for dirigido ao nó recetor, tem de ser criada uma mensagem de resposta ao itinerário e respondida ao remetente do pedido. Em todos os outros casos, a lista de nós do pedido de itinerário é alargada pelo ID do próprio nó e difundida a todos os nós vizinhos.

> Mensagem de resposta ao itinerário de entrada

Se for recebida uma mensagem de resposta ao itinerário, há dois casos: O nó recetor é o destino da mensagem ou é um nó intermédio na rota entre o remetente e o destino. Se for o nó de destino, a transmissão de dados que originou a descoberta da rota pode ser efectuada. Caso a resposta à rota seja recebida por um nó intermédio, é encaminhada para o nó seguinte na lista de nós da resposta.

> Mensagem de dados de entrada

Se a mensagem de dados for dirigida ao nó recetor (é o último salto da rota), a carga útil pode ser entregue à camada superior para ser processada por qualquer aplicação. O mecanismo de encaminhamento está concluído. Caso contrário, o próximo salto é determinado a partir da lista de nós da mensagem de dados e o pacote é encaminhado para esse nó.

3.3.3 Encaminhamento baseado em recolha (GRP)

O protocolo GRP é um protocolo inicializado pela fonte [7] no protocolo de encaminhamento MANET em que todo o caminho de encaminhamento é criado pelo nó de origem na rede Ad-hoc móvel. Neste protocolo, o nó de origem recolhe toda a informação sobre a rota para o destino. Neste procedimento, o nó de origem envia uma consulta de destino para o destino através da rede. Funciona como o AODV e o DSR utilizando o RREQS (Reverse Request Query by Source). Neste procedimento, quando a consulta do destino chega ao destino, este envia um pacote denominado Network Information Gathering (NIG) que se aproxima através da rede. Quando o pacote NIG chega a um router, este fornece-lhe todas as informações sobre a rede e os seus recursos. Existem muitos nós, chamados Effective Outgoing Links (EIL), onde o pacote NIG não chega, os encaminhadores enviam esta informação para estes EILs. Por fim, o NIG chega ao nó de origem e este recebe toda a informação.

O PRFV apresenta as seguintes vantagens e desvantagens

> **Vantagens**

O GRP não requer a manutenção de tabelas de encaminhamento ou a construção de rotas antes ou durante o processo de encaminhamento. Além disso, o GRP oferece uma série de vantagens em relação às estratégias de encaminhamento ad hoc convencionais. O processo de encaminhamento também permite que um pacote se adapte a alterações na topologia, selecionando a melhor escolha seguinte se um nó intermédio utilizado por pacotes anteriores ficar indisponível. Estas abordagens não requerem a manutenção de tabelas para além dos vizinhos imediatos nem a disseminação de informações sobre a topologia, mesmo sem a necessidade de construção de rotas. As rotas podem ser alteradas nó a nó e pacote a pacote simplesmente considerando parâmetros adicionais de qualidade de serviço (QoS) relacionados com os vizinhos do próximo salto, como o atraso ou a largura de banda disponível.

> **Desvantagens**

Uma das principais desvantagens do GRP é a complexidade e as despesas gerais necessárias para um serviço de base de dados de localização distribuída. No entanto, o custo excessivo do serviço de localização não pode ser inteiramente imputado ao custo excessivo do encaminhamento se os nós sensíveis à localização e os dados centrados na localização se tornarem parte integrante da computação omnipresente e das redes de sensores móveis utilizadas para controlo e monitorização de aplicações. Por exemplo, as capacidades de localização permitem o envio de mensagens uncast e multicast para áreas geográficas específicas definidas pelo utilizador.

3.3.4 Protocolo de encaminhamento de estado de ligação optimizado (OLSR)

O OLSR é um protocolo de encaminhamento proactivo para redes ad hoc móveis. O protocolo herda a estabilidade do algoritmo de estado da ligação e tem a vantagem de ter rotas imediatamente disponíveis quando necessário devido à sua natureza proactiva. O OLSR minimiza a sobrecarga causada pela inundação do tráfego de controlo, utilizando apenas nós selecionados, denominados Multi-Point Relays (MPR), para retransmitir mensagens de controlo. Esta técnica reduz significativamente o número de retransmissões necessárias para enviar uma mensagem a todos os nós da rede. Ao receber uma mensagem de atualização, o nó determina as rotas (sequência de saltos) para os seus nós conhecidos. Cada nó seleciona as suas MPRs a partir do conjunto dos seus vizinhos guardados na lista de vizinhos. O conjunto abrange nós com uma distância de dois hops. A ideia é que, sempre que o nó transmite a mensagem, apenas os nós incluídos no seu conjunto de MPR são responsáveis pela transmissão da mensagem [15].

O OLSR utiliza mensagens HELLO e TC. O protocolo é muito eficiente para padrões de tráfego em que um grande subconjunto de nós comunica com outro grande subconjunto de nós e em que os pares [origem, destino] mudam ao longo do tempo. As mensagens HELLO são trocadas periodicamente entre nós vizinhos, para detetar a identidade dos vizinhos e assinalar a seleção de MPR. O protocolo é particularmente adequado para redes grandes e densas, uma vez que a otimização é feita através da utilização de MPRs que funcionam bem neste contexto. Quanto maior e mais densa for uma rede, mais otimização pode ser conseguida em comparação com o algoritmo clássico de estado da ligação. O OLSR utiliza o encaminhamento hop-by-hop, ou seja, cada nó utiliza a sua informação local para encaminhar os pacotes.

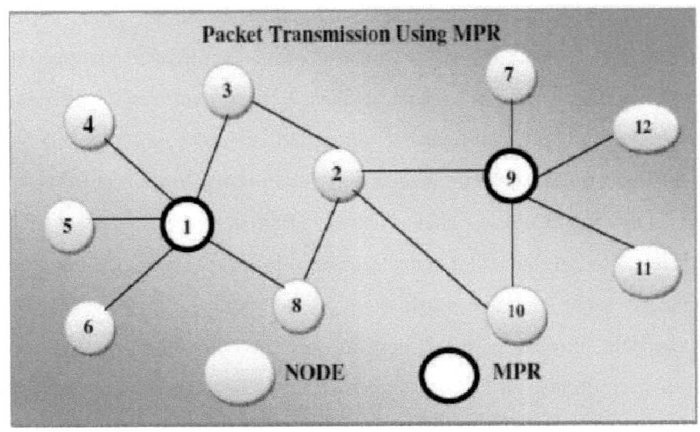

Fig. 3.4 Transmissão de pacotes usando MPR [15]

O OLSR tem as seguintes vantagens e desvantagens:

> **Vantagens**

- O OLSR não necessita de um sistema administrativo central para gerir o seu processo de encaminhamento.
- A ligação é fiável para as mensagens de controlo, uma vez que as mensagens são enviadas periodicamente e a entrega não tem de ser sequencial.
- O OLSR é adequado para redes de alta densidade.
- Não permite grandes atrasos na transmissão de pacotes.

> **Desvantagens**

- O protocolo OLSR envia periodicamente a informação actualizada da topologia para toda a rede.
- Permite uma utilização elevada da largura de banda do protocolo [15].

3.3.5 Protocolo de encaminhamento temporário ordenado (TORA)

O TORA é um protocolo de encaminhamento distribuído altamente adaptável, concebido para funcionar numa rede multihop dinâmica. O TORA utiliza um parâmetro de altura arbitrário para determinar a direção da ligação entre quaisquer dois nós para um determinado destino. Consequentemente, existem frequentemente várias rotas para um determinado destino, mas nenhuma delas é necessariamente a rota mais curta. Para iniciar uma rota, o nó transmite um pacote QUERY aos seus vizinhos. Este pacote QUERY é retransmitido através da rede até chegar ao destino ou a um nó intermédio que tenha uma rota para o destino. O destinatário do pacote QUERY transmite então o pacote UPDATE que lista a sua altura em relação ao destino. Quando este pacote se propaga na rede, cada nó que recebe o pacote UPDATE define a sua altura para um valor superior à altura do vizinho do qual o UPDATE foi recebido. Isso tem o efeito de criar uma série de links direcionados do remetente original do pacote QUERY para o nó que inicialmente gerou o pacote UPDATE. Quando um nó descobre que a rota para um destino já não é válida, ajusta a sua altura de modo a que seja um máximo local em relação aos seus vizinhos e transmite um pacote UPDATE. Se o nó não tiver vizinhos de altura finita em relação ao destino, tentará descobrir uma nova rota, como descrito acima. Quando um nó detecta uma partição da rede, gera um pacote CLEAR que resulta na reposição do encaminhamento na rede ad hoc [5].

O TORA apresentava as seguintes vantagens e desvantagens:

> **Vantagens**

Uma das vantagens do TORA é o facto de este protocolo suportar múltiplas rotas entre qualquer par origem-destino. Por conseguinte, a falha ou remoção de qualquer um dos nós é rapidamente resolvida sem intervenção da fonte, mudando para uma rota alternativa.

> **Desvantagens**

O TORA também não está isento de limitações. Uma delas é o facto de depender de relógios sincronizados entre os nós da rede ad hoc. A dependência deste protocolo de camadas inferiores intermédias para determinadas funcionalidades pressupõe que a deteção do estado da ligação, a descoberta de vizinhos, a entrega de pacotes por ordem e a resolução de endereços estão prontamente disponíveis. A solução consiste em executar o protocolo de encapsulamento MANET da Internet no nível imediatamente inferior ao TORA. Este tornará difícil separar as despesas gerais deste protocolo das impostas pela camada inferior.

Neste trabalho, estes cinco protocolos foram analisados com base em três aplicações:

1. FTP
2. VÍDEO
3. VOZ

3.4 CARACTERÍSTICAS DE AVALIAÇÃO DO DESEMPENHO DE PROTOCOLOS DE ENCAMINHAMENTO

Os protocolos de encaminhamento são avaliados com base nas seguintes caraterísticas

- **Atraso:** O atraso é o tempo decorrido desde a geração de um pacote pela fonte até à receção no destino. Inclui todos os atrasos possíveis causados pelo armazenamento em buffer durante a latência de descoberta de rota, o enfileiramento na fila da interface e o tempo de propagação e transferência. Este tempo é expresso em segundos (seg).
- **Carga:** A carga representa a carga total em bits/seg. submetida às camadas de LAN sem fios por todas as camadas superiores em todos os nós de WLAN da rede. Quando há

mais tráfego a entrar na rede, é difícil para a rede lidar com todo esse tráfego, o que se designa por carga da rede. Uma rede eficiente pode lidar facilmente com o grande volume de tráfego que entra e criar a melhor rede possível.

- **Taxa de transferência:** A taxa média a que o pacote de dados é entregue com êxito de um nó para outro numa rede de comunicações é conhecida como débito. O débito é normalmente medido em bits por segundo (bits/s). Um débito com um valor mais elevado é mais frequentemente uma escolha absoluta em todas as redes. Matematicamente, o débito pode ser definido pela seguinte fórmula.

Throughput= (número de pacotes entregues * tamanho do pacote)/duração total da simulação.

- **Rácio de entrega de pacotes:** O rácio entre os pacotes de dados entregues aos destinos e os gerados pelas fontes CBR.
- **Comprimento ótimo do caminho:** É o rácio entre o tempo total de encaminhamento e o número total de pacotes recebidos.
- **Atraso médio de extremo a extremo:** É a diferença entre o tempo de envio de um pacote e o tempo de receção de um pacote. Inclui todos os atrasos possíveis causados por buffering durante a latência de descoberta de rota, enfileiramento na fila da interface, atrasos de retransmissão no MAC e tempos de propagação e transferência.
- **Atraso de acesso ao meio:** O tempo que um nó demora a aceder ao meio para iniciar a transmissão do pacote é designado por atraso de acesso ao meio. O atraso é registado para cada pacote quando este é enviado para a camada física pela primeira vez.

Mas neste trabalho, utilizámos apenas o Atraso, a Carga e a Taxa de Transferência para analisar os Protocolos de Encaminhamento de MANET.

3.4 METODOLOGIA UTILIZADA NO TRABALHO PROPOSTO

A ferramenta de software utilizada para a avaliação do desempenho dos protocolos de encaminhamento de MANET é o OPNET Modular 14.5. Segue-se uma breve introdução sobre esta ferramenta:

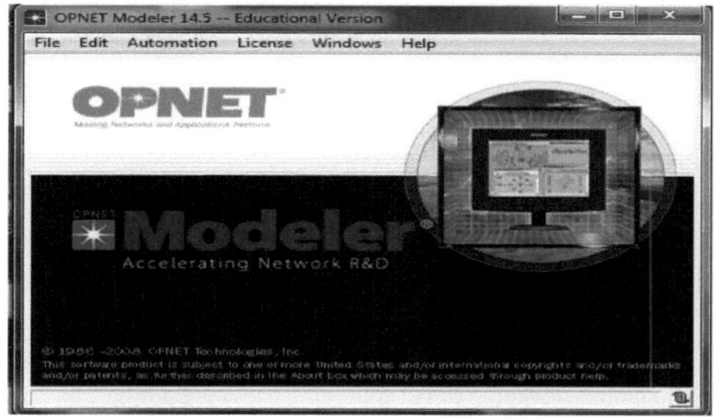

Fig. 3.5 OPNET Modular [23]

3.5.1 O OPNET Modular 14.5

O OPNET é um simulador de redes muito poderoso. Os principais objectivos são otimizar o custo, o desempenho e a disponibilidade.

3.5.2 Tarefas realizadas no OPNET

- Construir e analisar modelos.

- Configure a paleta de objectos com os modelos necessários.

- Configurar a aplicação e o perfil Configurar

- Modelar uma LAN como um único nó.

- Especificar a utilização de fundo que muda ao longo do tempo numa ligação.

- Simular vários cenários em simultâneo.

- Aplicar filtros aos gráficos de resultados e analisar os resultados.

3.5.3 Como criar um projeto no OPNET

1. Inicie a sessão no computador.

2. Abrir o programa Opnet escrevendo opnet na shell.

3. Após o arranque do programa opnet, é necessário construir uma simulação simples de estações MANET.

4. Vá a Ficheiro e selecione Novo.

5. Selecione Projeto e clique em Ok.

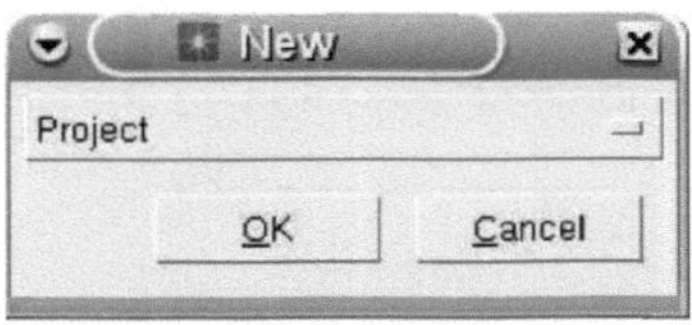

6. Dê o nome do projeto de acordo com o nome do seu grupo. Por exemplo, se o número do grupo for Al, dê o nome do projeto a projectAl e o nome do cenário a scenariol.

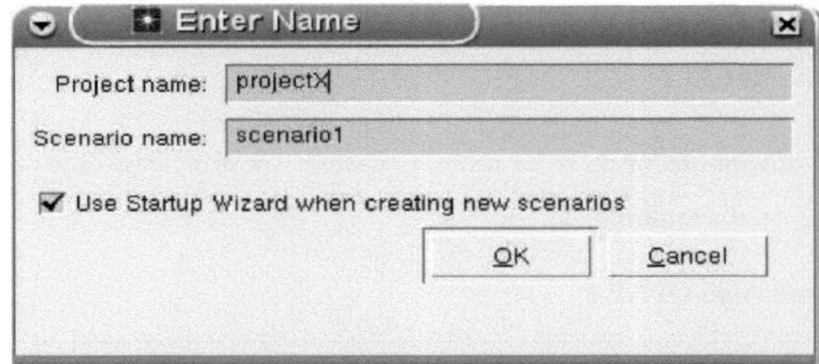

7. Selecione Criar cenário vazio e clique em Seguinte.

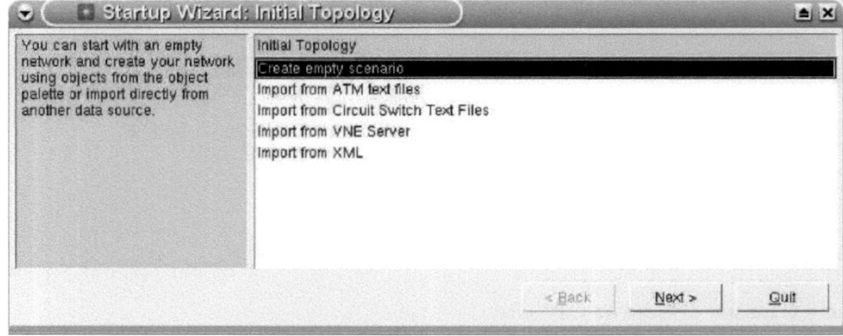

8. Selecione Escritório como Escala de rede e selecione Utilizar unidades métricas.

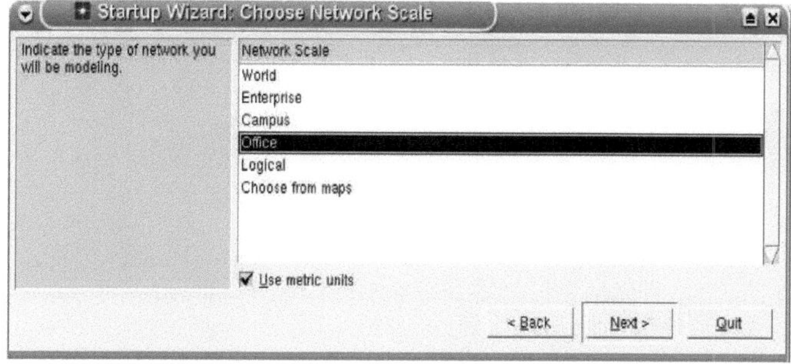

9. Especifique as unidades da seguinte forma e clique em Next (Seguinte).

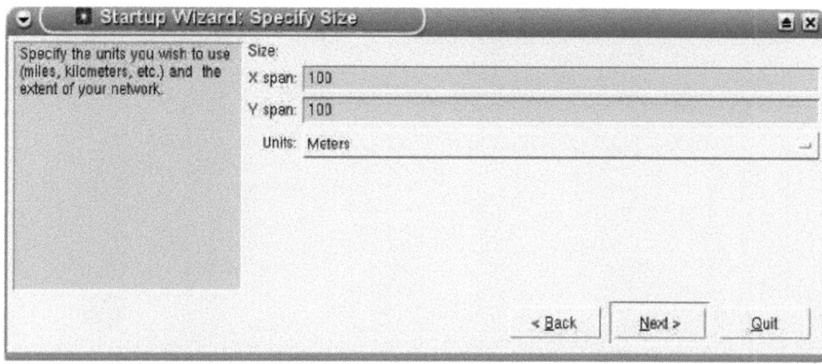

10. Desloque-se para baixo até à parte inferior e selecione a tecnologia MANET clicando no campo correspondente na coluna Incluir? e clique em Seguinte.

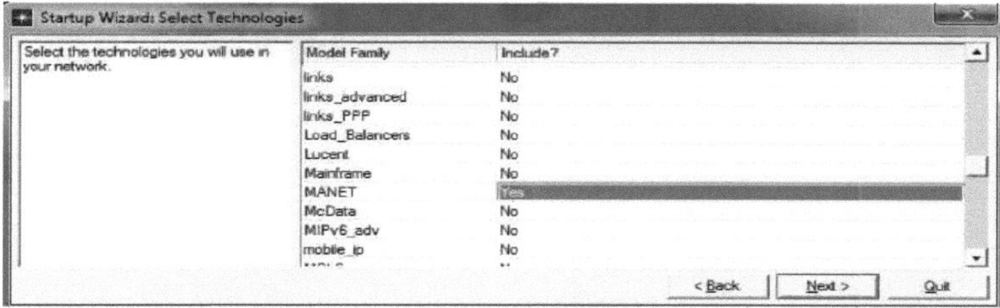

11. Clique em Concluir.

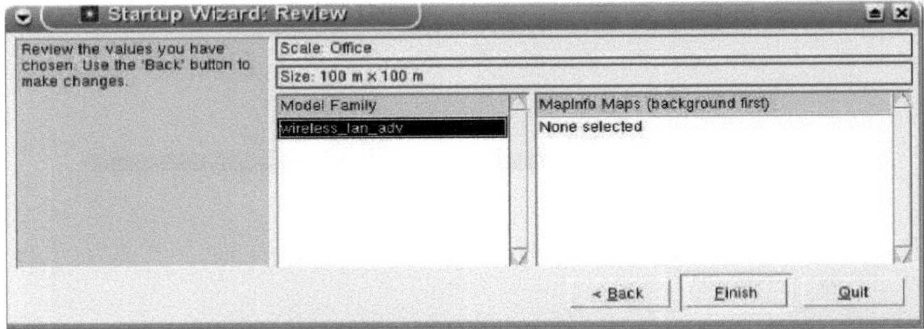

12. É aberta a árvore da paleta de objectos, que mostra os diferentes componentes da WLAN da seguinte forma.

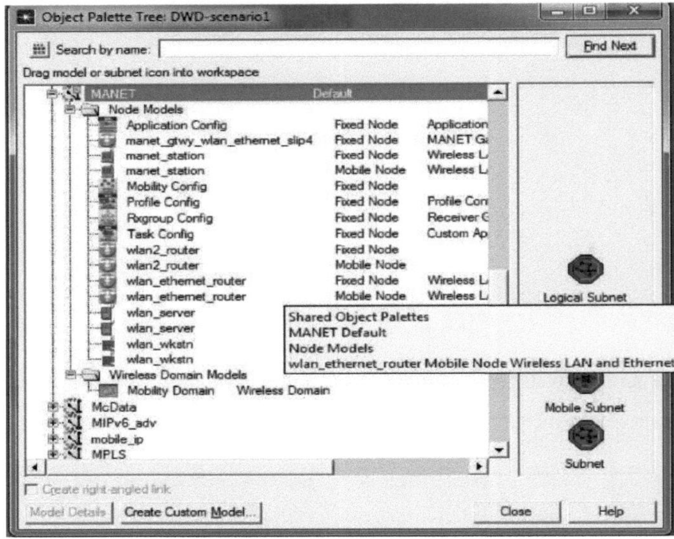

13. Nesta etapa, configure o modelo de rede no editor de projeto/rede do simulador OPNET como mostrado na figura abaixo.

(a) A partir de Node Models, no item MANET da paleta de objectos, arraste o objeto Application Config para o local de trabalho opnet premindo o botão esquerdo do rato e, em seguida, prima o botão esquerdo e prima o botão direito para o largar no local de trabalho.

(b) Da mesma forma, arraste e largue o objeto Configuração de perfil.

(c) Da mesma forma, arraste e largue a configuração de mobilidade.

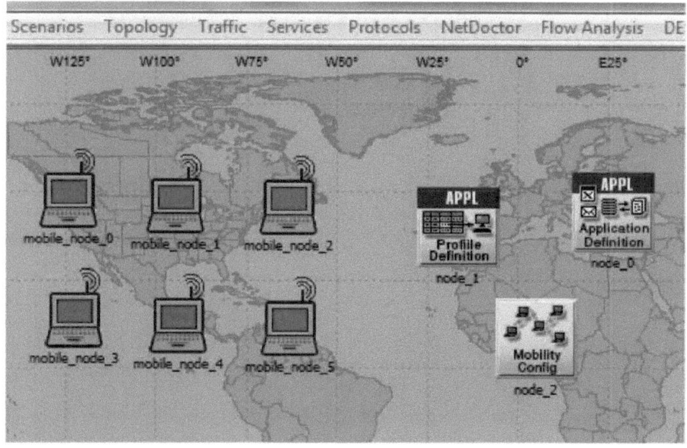

14. Configurar aplicações para o modelo
    (a) Utilize os nós Configuração da aplicação e Configuração do perfil da paleta de objectos.
    (b) Atribuir aplicação e perfil aos nós do cenário.
15. Guarde o seu projeto clicando em Guardar como... .

O fluxo de trabalho da simulação completa é apresentado na Fig. 3.7

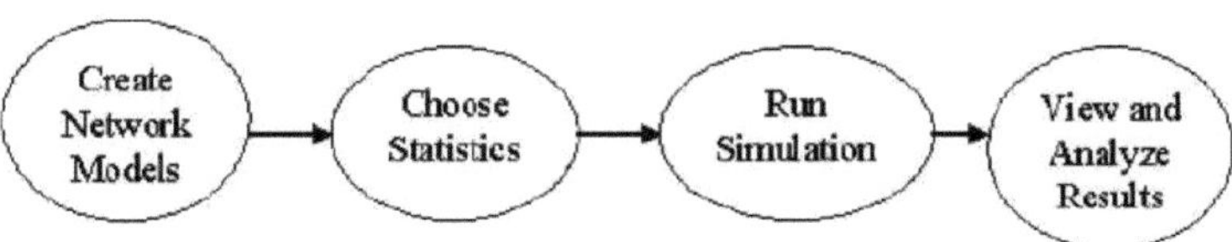

Fig 3.7 Fluxo de trabalho

CAPÍTULO 4
RESULTADOS E DISCUSSÃO

4.1 AVALIAÇÃO DO DESEMPENHO DO ENCAMINHAMENTO DA MANET PROTOCOLOS

Neste trabalho, avaliámos e comparámos o desempenho da MANET com cinco protocolos de encaminhamento, nomeadamente AODV, DSR, GRP, OLSR e TORA. O desempenho da rede foi analisado com 25 e 50 nós móveis. O tráfego utilizado neste trabalho é o FTP, a videoconferência e a voz. A comparação foi feita com base no atraso, na carga e na taxa de transferência. A configuração de mobilidade utilizada neste trabalho é Random way point. A avaliação de desempenho neste trabalho é resumida da seguinte forma:

> **Avaliação do desempenho da MANET utilizando o protocolo AODV**

1. Com 25 nós móveis para aplicações como:

    - FTP
    - Voz
    - Videoconferência

2. Com 50 nós móveis para aplicações como:

    - FTP
    - Voz
    - Videoconferência

3. Comparação do desempenho do protocolo AODV com 25 nós e 50 nós.

> **Avaliação do desempenho da MANET utilizando o protocolo DSR**

1. Com 25 nós móveis para aplicações como:

    - FTP
    - Voz
    - Videoconferência

2. Com 50 nós móveis para aplicação como:

- FTP
- Voz
- Videoconferência

3. Comparação do desempenho do protocoloDSR com 25 nós e 50 nós.

> **Avaliação do desempenho da MANET utilizando o protocolo GRP**

1. Com 25 nós móveis para aplicações como:
   - FTP
   - Voz
   - Videoconferência

2. Com 50 nós móveis para aplicações como:
   - FTP
   - Voz
   - Videoconferência

3. Comparação do desempenho do protocolo GRP com 25 nós e 50 nós.

> **Avaliação do desempenho da MANET utilizando o protocolo OLSR**

1. Com 25 nós móveis para aplicações como:
   - FTP
   - Voz
   - Videoconferência

2. 50 nós móveis para aplicação como:
   - FTP
   - Voz
   - Videoconferência

Comparação do desempenho do protocolo OLSR com 25 nós e 50 nós.

> Desempenho daMANET utilizando o protocolo TORA

1. 25 nós móveis para aplicações como:
   - FTP
   - Voz
   - Videoconferência

2. 50 nós móveis para aplicação como:

- FTP
- Voz
- Videoconferência

Comparação do desempenho do protocoloTORA com 25 e 50 nós.

4.2 AVALIAÇÃO DO DESEMPENHO DO PROTOCOLO AODV

O desempenho do protocolo AODV é analisado com 25 nós e 50 nós usando diferentes cenários como:

> Cenários do protocolo AODV com 25 nós

> Cenários do protocolo AODV com 50 nós

O cenário para a avaliação do desempenho do protocolo AODV com 25 nós móveis é apresentado na Fig. 4.1. É constituído por:

- 25 nós móveis
- Configuração da aplicação
- Configuração de perfis e
- Configuração da mobilidade

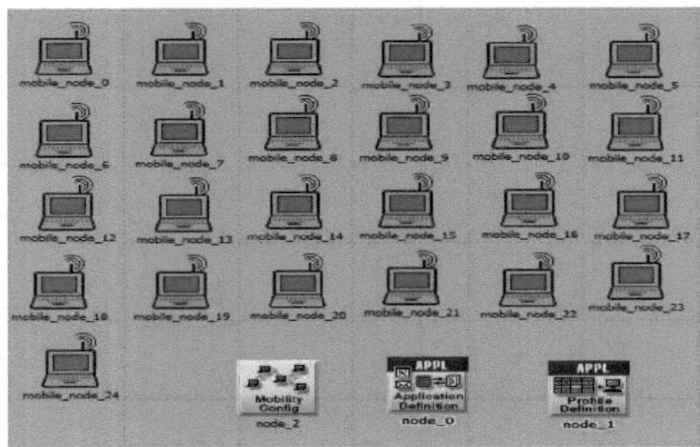

Fig. 4.1 Cenários do protocolo AODV com 25 nós

4.2.1 Avaliações de desempenho do protocolo de encaminhamento AODV com 25 nós

As caraterísticas de desempenho do protocolo AODV são avaliadas para diferentes aplicações:

(i) Tráfego FTP: A Fig. 4.2 mostra as caraterísticas de desempenho do AODV com tráfego FTP.

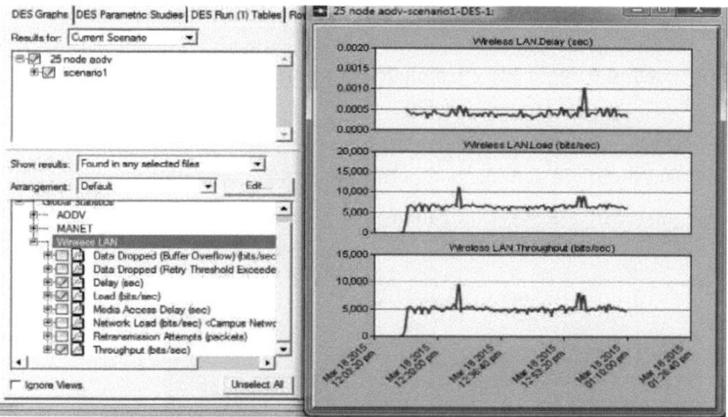

Fig. 4.2 Caraterísticas de desempenho do AODV com tráfego FTP

Como mostra a Fig. 4.2 para o tráfego FTP, o protocolo AODV apresenta um atraso médio de 0,001298 segundos, uma carga de 96.740,204bps e uma taxa de transferência de 1.502.812,4 bps.

(ii) Tráfego de voz: O mesmo cenário é duplicado e simulado com a aplicação de voz como tráfego. Fig.

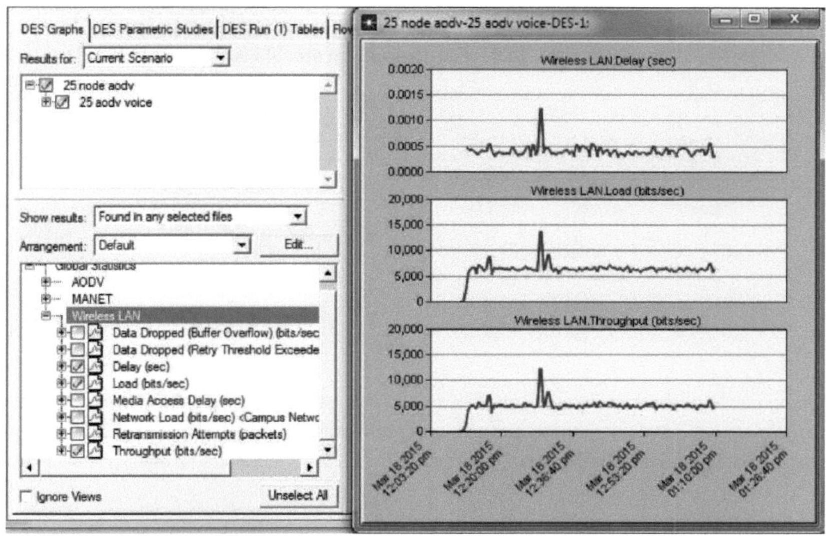

Fig. 4.3 Caraterísticas de desempenho do AODV com tráfego de voz

Como se pode ver na Fig. 4.3 para o tráfego de voz, o protocolo AODV apresenta um atraso médio de 0,001300 segundos, uma carga de 93 032 564 bps e um débito de 1 434 398 bps.

(iii) Tráfego de voz: O mesmo cenário é duplicado e simulado com a aplicação de voz como tráfego. Fig.

Como se pode ver na Fig. 4.4 para o tráfego de videoconferência, o protocolo AODV apresenta um atraso médio de 0,0012374sec, uma carga de 90.880,6244bps e um débito de 1.365.896,39bps.

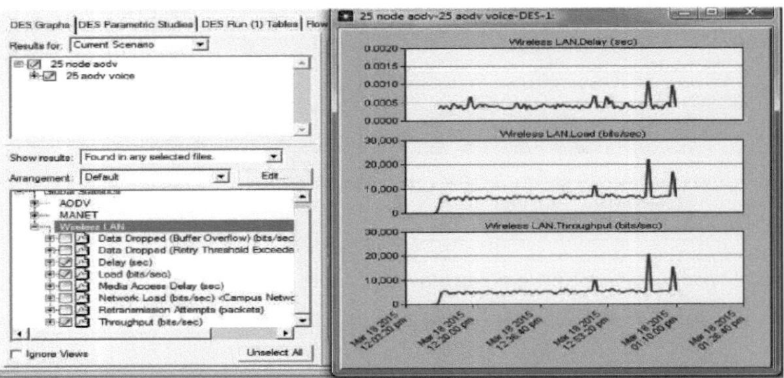

Fig. 4.4 Caraterísticas de desempenho do AODV com tráfego de videoconferência

Tabela 4.1 Comparação do desempenho do protocolo AODV com 25 nós

Nodes	FTP	VIDEO	VOICE
25	Delay=0.001298 Load=96,740.20 Throughput=1,502,812	Delay=0.001237 Load=90,880.62 Throughput=1,365,896	Delay=0.00130 Load=93,032.56 Throughput=1,434,398

Comparação de desempenho das caraterísticas de atraso do protocolo AODV com tráfego variável e pode ser demonstrado que este protocolo oferece mais atraso na aplicação de voz em comparação com FTP e vídeo.

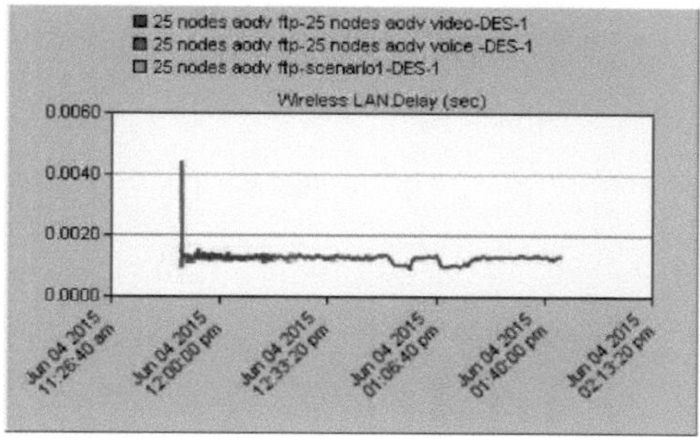

Fig.4.5 Comparação do desempenho das caraterísticas de atraso com 25 nós e tráfego variável

4.2.2 Avaliação do desempenho do protocolo AODV com os 50 nós

A Fig.4.6 mostra o cenário do protocolo AODV com 50 nós móveis.

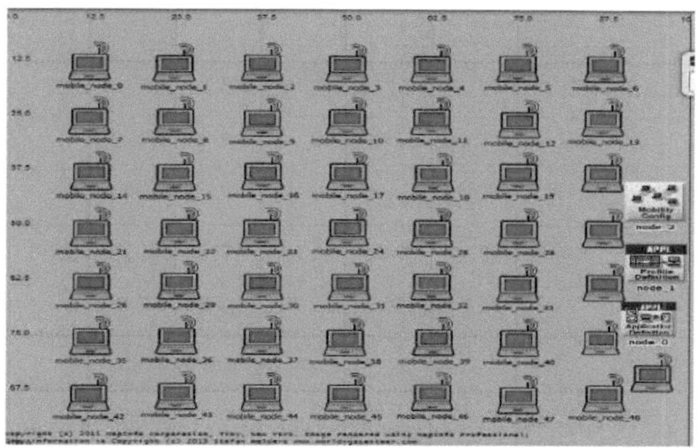

Fig. 4.6 Cenários do protocolo AODV com 50 nós

A Fig. 4.7 mostra a comparação de desempenho do protocolo AODV para 50 nós e tráfego variável com caraterísticas de atraso. Esta comparação mostra que o atraso é maior no tráfego FTP do que no tráfego de vídeo e voz.

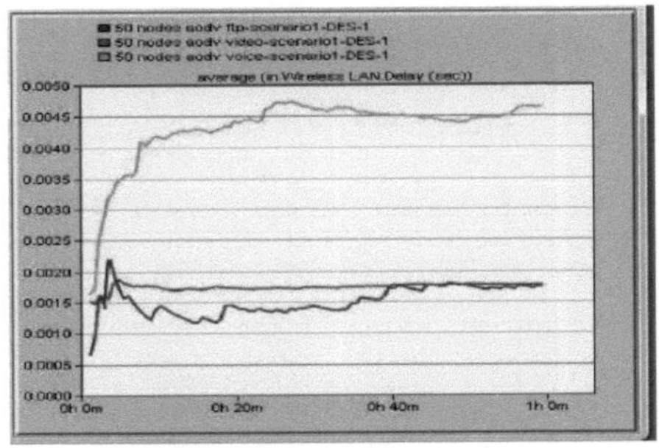

Fig. 4.7 Caraterísticas de atraso do AODV com tráfego variável

As Fig. 4.8, 4.9 e 4.10 mostram a comparação do desempenho de 25 nós e 50 nós para o tráfego FTP. Pode ser demonstrado que o atraso é maior em 50 nós, a carga é elevada em 25 nós e a taxa de transferência é elevada em 25 nós.

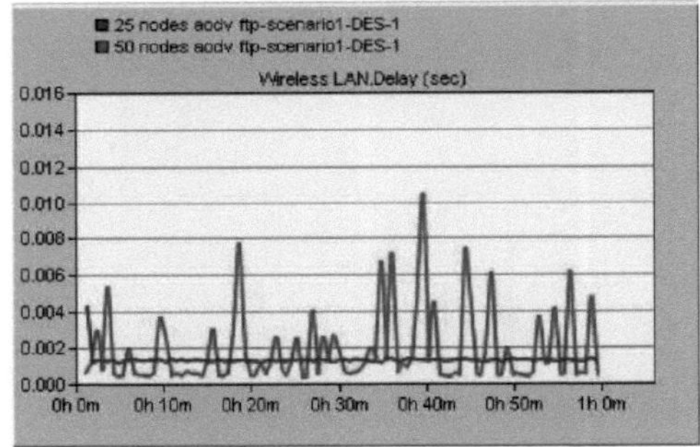

Fig. 4.8 Caraterísticas de atraso do protocolo AODV para 25 e 50 nós

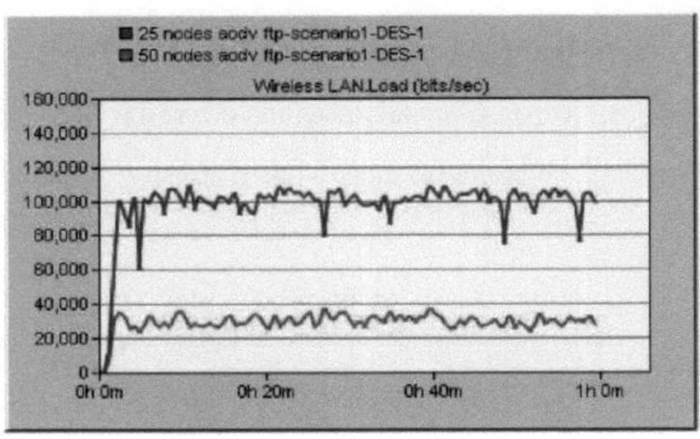

Fig. 4.9 Caraterísticas de carga do protocolo AODV para 25 e 50 nós

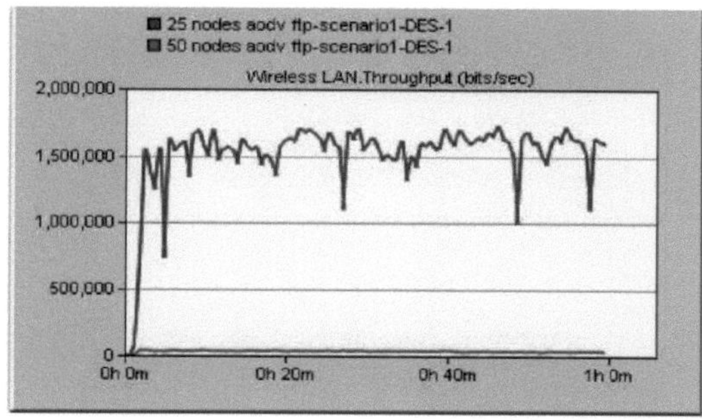

Fig. 4.10 Caraterísticas de rendimento do protocolo AODV para 25 e 50 nós

A Tabela 4.2 mostra a comparação completa do desempenho do protocolo AODV com um número variável de nós e com um tráfego variável.

Tabela 4.2: Comparação do desempenho do protocolo AODV

Nodes	FTP	VIDEO	VOICE
25	Delay=0.001298 Load=96,740.20 Throughput=1,502,812	Delay=0.001237 Load=90,880.62 Throughput=1,365,896	Delay=0.00130 Load=93,032.56 Throughput=1,434,398
50	Delay=0.001735 Load=28,994.59 Throughput=33,576.81	Delay=0.001778 Load=412,189.96 Throughput=886,102.7	Delay=0.00464 Load=237,438,49 Throughput=318,287.08
Result	25 nodes have high delay ,load and throughput.	50 nodes have high load , throughput but less delay.	50 nodes have high delay ,high load but less throughput.

4.3 AVALIAÇÃO DO DESEMPENHO DO PROTOCOLO DSR

O desempenho do protocolo DSR é analisado com 25 nós e 50 nós usando diferentes cenários.

4.3.1 Avaliação do desempenho do protocolo DSR com os 25 nós

As figuras 4.11, 4.12 e 4.13 mostram a avaliação do desempenho do protocolo DSR com 25 nós e tráfego FTP. Pode ser demonstrado que o atraso é maior no tráfego de vídeo, a carga é elevada no tráfego de voz e a taxa de transferência também é elevada na aplicação de voz.

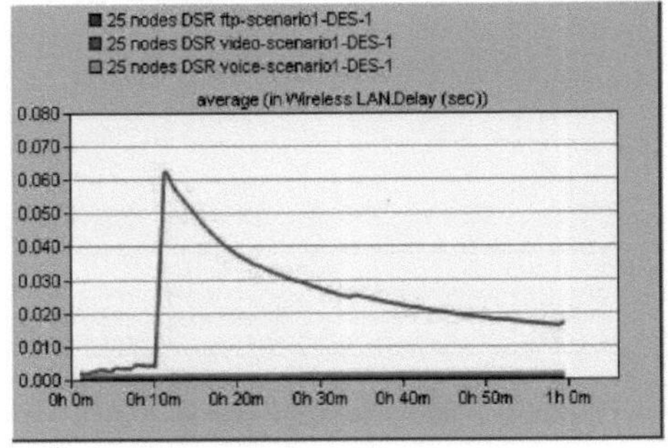

Fig.4.11 Caraterísticas de atraso do protocolo DSR com tráfego variável

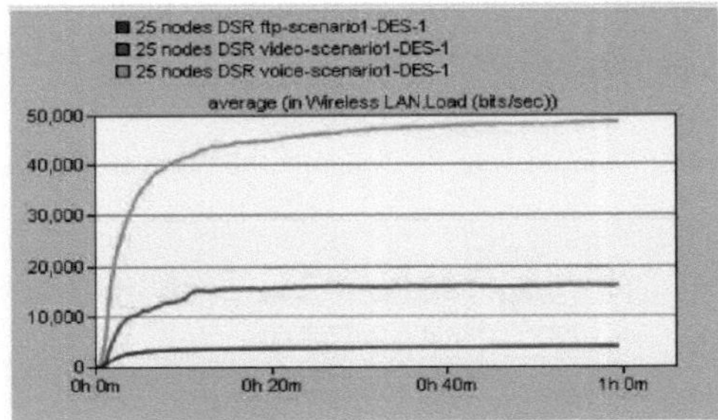

Fig. 4.12 Caraterísticas de carga do protocolo DSR com tráfego variável

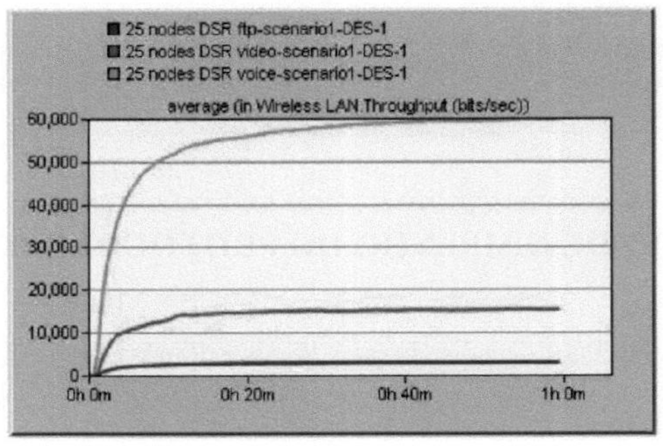

Fig.4.13 Caraterísticas de rendimento do protocolo DSR com tráfego variável

4.3.2 Avaliação do desempenho do protocolo DSR com os 50 nós

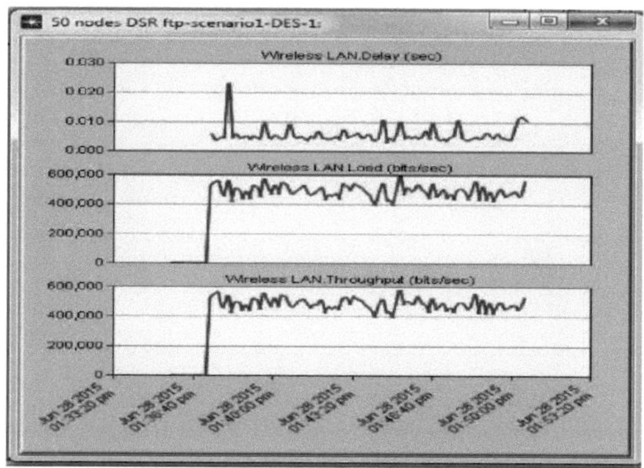

Fig. 4.14 Caraterísticas de desempenho do DSR com tráfego FTP

4.4 AVALIAÇÃO DO DESEMPENHO DO PROTOCOLO GRP

O desempenho do protocolo GRP é analisado com 25 nós e 50 nós. O cenário para a avaliação do desempenho do protocolo GRP consiste em:

- 25 nós móveis
- Configuração da aplicação
- Configuração de perfis e
- Configuração da mobilidade

- 4.4.1 Avaliação do desempenho do Protocolo GRP com os 25 nós

As Fig. 4.15, 4.16 e 4.17 mostram a comparação do desempenho do protocolo GRP de 25 nós com tráfego variável. Pode ser demonstrado que o atraso é maior no FTP, a carga é elevada em 25 vídeos e o débito também é elevado em vídeos.

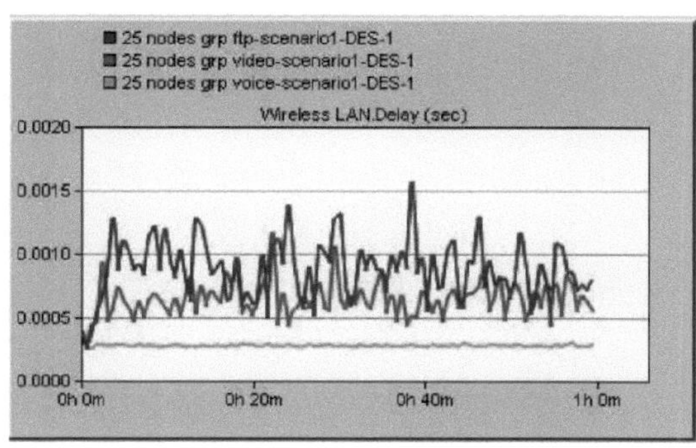

Fig. 4.15 Caraterísticas de atraso do protocolo GRP com tráfego variável com 50 nós

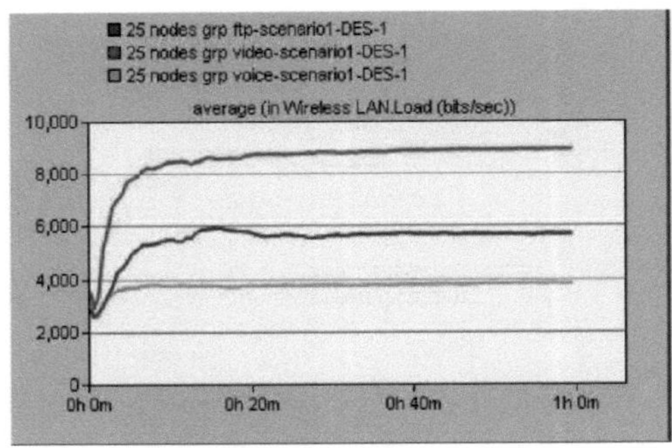

Fig. 4.16 Caraterísticas de carga do protocolo GRP com tráfego variável com 50 nós

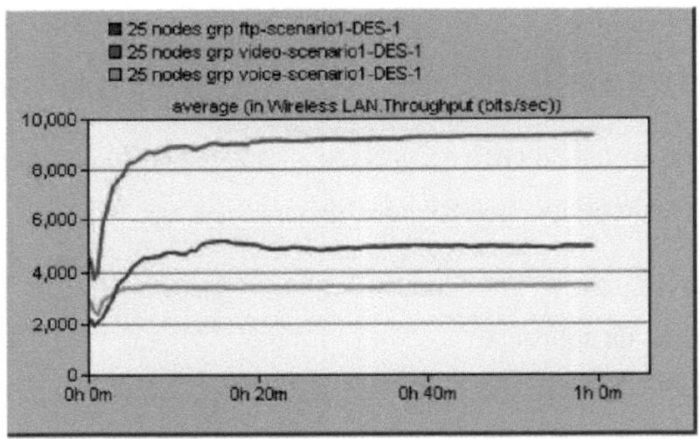

Fig. 4.17 Taxa de transferência do protocolo GRP com tráfego variável com 50 nós

4.4.2 Avaliação do desempenho do Protocolo GRP com os 50 nós

A Fig. 4.18 mostra a comparação de desempenho das caraterísticas de atraso do protocolo GRP para 50 nós com tráfego variável. Esta comparação mostra que o atraso é maior no tráfego de voz do que no FTP e no vídeo.

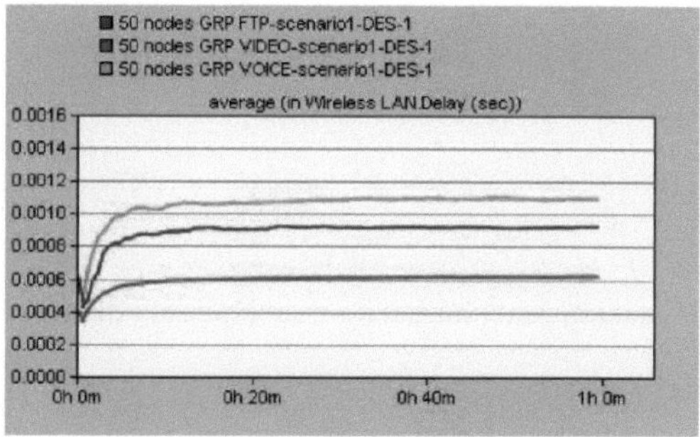

Fig. 4.18 Comparação do desempenho das caraterísticas de atraso com tráfego variável

Tabela 4.3 Comparação do desempenho do protocolo GRP com 50 nós

Nodes	FTP	VIDEO	VOICE
50	Delay=0.000925 Load=34,118,206 Throughput=36,561,27	Delay=0.000620 Load=28,080.01 Throughput=29,304,48	Delay=0.001095 Load=57,553.075 Throughput=61,316,68

A Fig. 4.19 mostra a comparação de desempenho do protocolo GRP para 25 e 50 nós com tráfego FTP com caraterísticas variáveis. Esta comparação mostra que o atraso é maior em 50 nós.

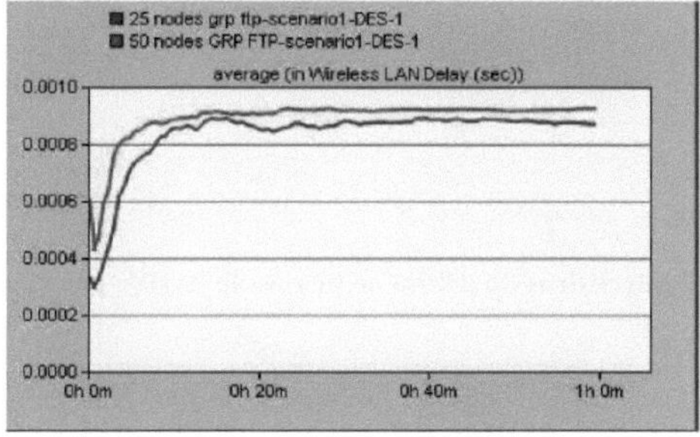

Fig. 4.19 Caraterísticas do atraso no protocolo GRP para 25 e 50 nós.

A Fig. 4.20 mostra as caraterísticas de atraso do protocolo GRP para 25 e 50 nós móveis. O tráfego utilizado na simulação é o FTP. Como se pode ver, a carga aumenta à medida que o número de nós aumenta.

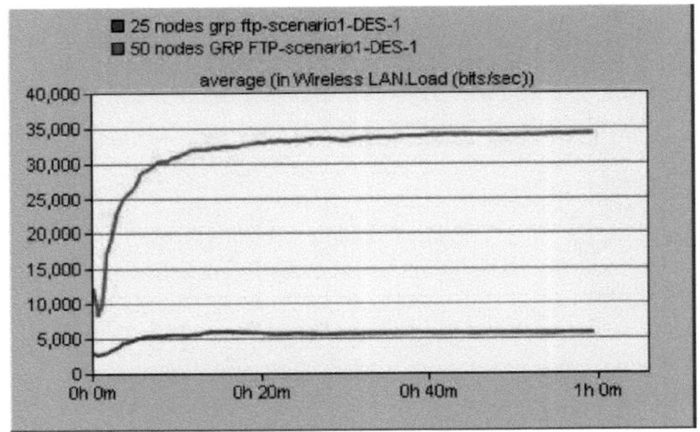

Fig. 4.20 Caraterísticas da carga no protocolo GRP para 25 e 50 nós.

A Fig. 4.21 mostra as caraterísticas de atraso do protocolo GRP para 25 e 50 nós móveis. O tráfego utilizado na simulação é o FTP. Como se pode ver, a taxa de transferência aumenta à medida que o número de nós aumenta.

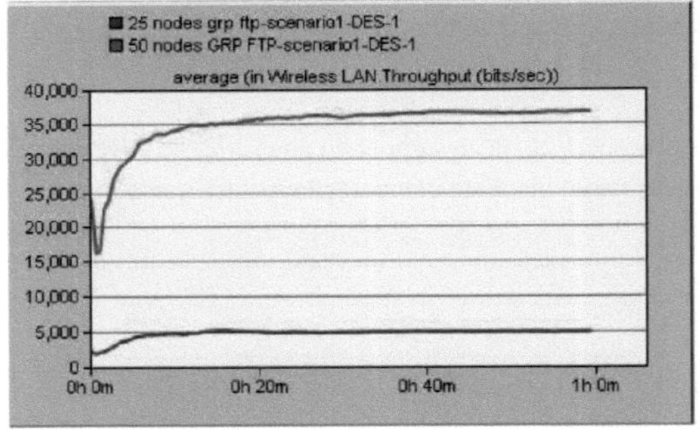

Fig. 4.21 Caraterísticas do débito no protocolo AODV para 25 e 50 nós.

4.5 AVALIAÇÃO DO DESEMPENHO DO PROTOCOLO OLSR

O desempenho do protocolo OLSR é analisado com 25 nós e 50 nós. O cenário para avaliação do desempenho do protocolo OLSR consiste em:

- 25 nós móveis

- Configuração da aplicação

- Configuração de perfis e

- Configuração da mobilidade

4.5.1 Avaliação do desempenho do protocolo OLSR com os 25 nós

As Fig. 4.22, 4.23 e 4.24 mostram a comparação do desempenho do protocolo OLSR de 25 nós com tráfego variável. Pode ser demonstrado que o atraso é maior na voz, a carga é elevada no vídeo e a taxa de transferência também é elevada no vídeo

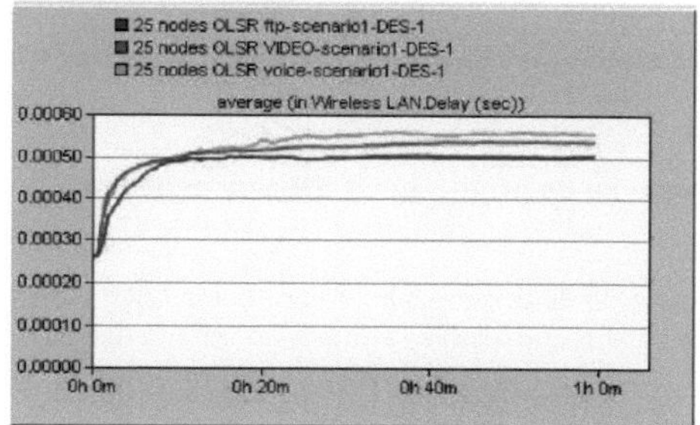

Fig. 4.22 Comparação de desempenho do protocolo OLSR com tráfego variável para Atraso

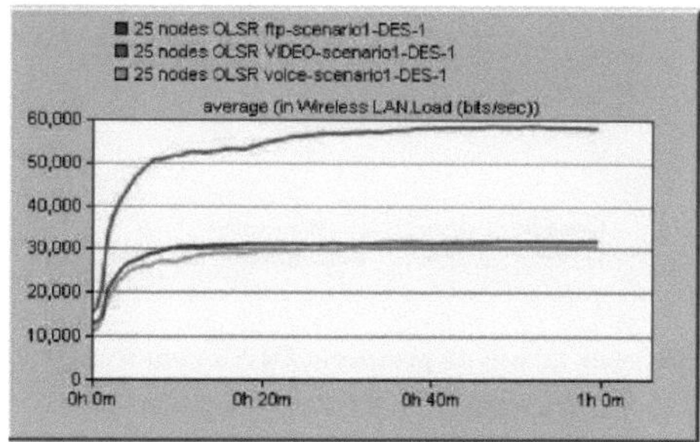

Fig. 4.23 Comparação de desempenho do Protocolo OLSR com tráfego variável para Carga

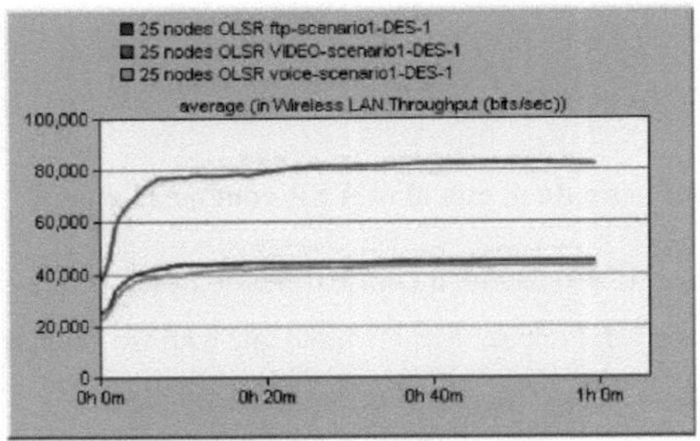

Fig. 4.24 Comparação de desempenho do protocolo OLSR com tráfego variável para Throughput

4.5.2 Avaliação do desempenho do protocolo OLSR com os 50 nós

A Fig. 4.25 mostra a comparação de desempenho do protocolo GRP para 50 nós com tráfego variável. Esta comparação mostra que o atraso é maior no tráfego de voz do que no FTP e no vídeo.

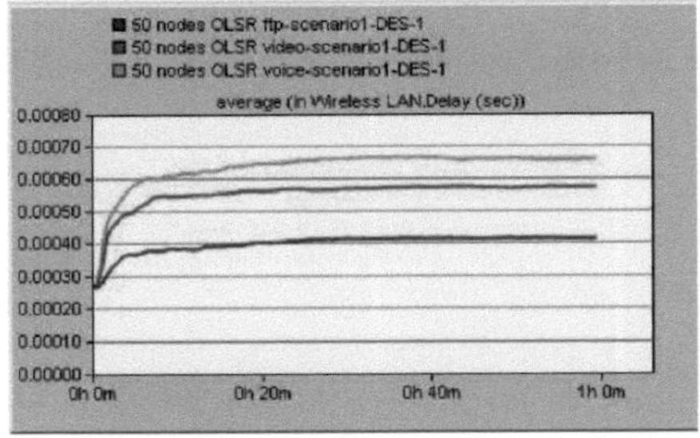

Fig. 4.25 Caraterísticas de atraso do protocolo OLSR com tráfego variável em 50 nós

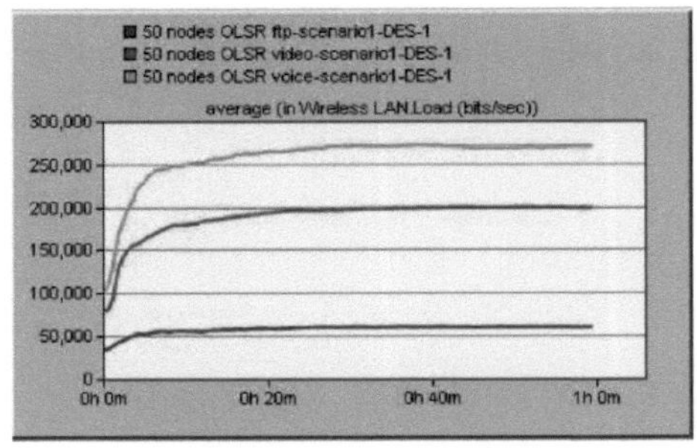

Fig. 4.26 Caraterísticas de carga do protocolo GRP com tráfego variável em 50 nós

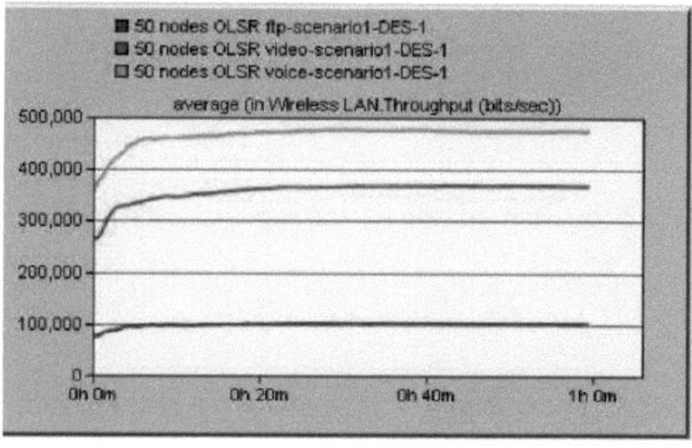

Fig.4.27 Caraterísticas de débito do protocolo GRP com tráfego variável em 50 nós

Tabela 4.3 Comparação de desempenho do protocolo OLSR

nod es	ftp	voice	video	Results
25	Delay=3.44812 Load=14.299,335.8 Throughput=14,88 3,814.94	Delay=6.86437 Load=17,767,694,3 Throughput=18,41 2,219.8	Delay=3.020285 Load=71,988,70 2.45 Throughput=75, 405,651.1	Voice has high delay, load and throughput.
50	Delay=2.77853 Load=81,284,649.2 9 Throughput=96,10 9,146,86	Delay=6.86490 Load=1,095,936,63 4,9 Throughput=765,5 35,115.8	Delay=5.53274 Load=552,398,75 1.71 Throughput=553 ,462,710.5	Same in both traffic.

A Tabela 4.2 mostra os resultados combinados de todos os cenários para diferentes configurações de tráfego no protocolo OLSR.

4.6 AVALIAÇÃO DO DESEMPENHO DO PROTOCOLO TORA

O desempenho do protocoloTORA é analisado com 25 nós e 50 nós

4.6.1 Avaliação do desempenho do Protocolo TORA com os 25 nós

A Fig. 4.28 mostra a comparação de desempenho das caraterísticas de carga do protocolo TORA para 25 nós e tráfego variável. Esta comparação mostra que a carga é maior no vídeo de 25 nós do que no FTP.

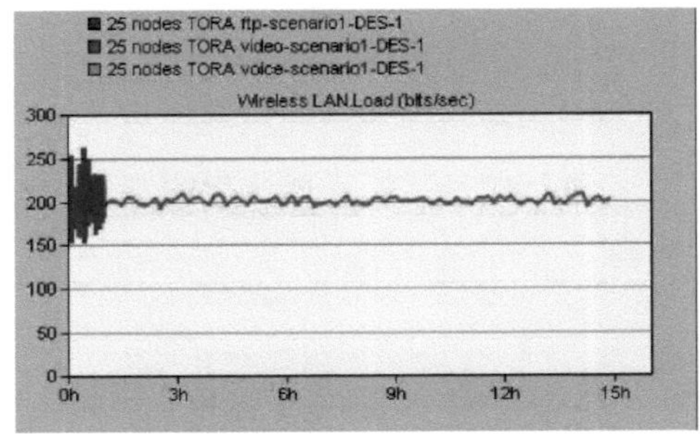

Fig.4.28 Caraterísticas de carga do Protocolo TORA com tráfego variável em 25 nós

4.6.2 Avaliação do desempenho do Protocolo TORA com os 50 nós

A Fig. 4.27 mostra as caraterísticas de atraso do protocolo TORA para 25 e 50 nós móveis. O tráfego utilizado na simulação é LOAD. Como se pode ver, a carga aumenta à medida que o número de nós aumenta.

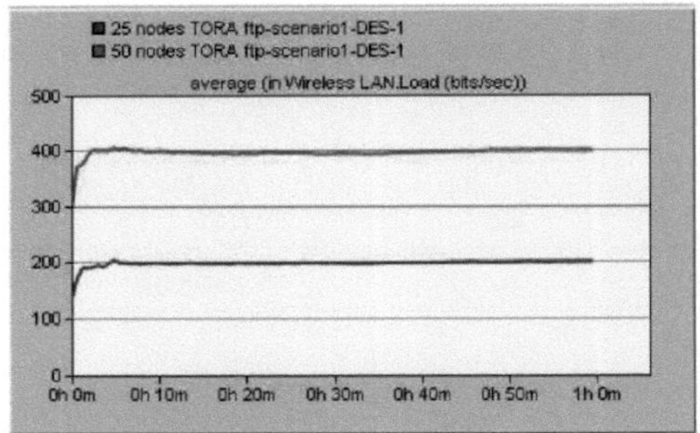

Fig. 4.29 Caraterísticas da carga no protocolo AODV para 25 e 50 nós.

Mostra os resultados combinados de todos os cenários para diferentes tráfegos no protótipo TORA

Tabela 4.5 Avaliação do desempenho do protocoloTORA

nodes	Ftp	Video	voice	Remarks
25	Load=199.15555	Load=200.32296	Same as video	50 nodes having double
50	Load=398.97777	load=400	Same as voice	Load than 25 nodes

4.6 COMPARAÇÃO DO DESEMPENHO DE 5 PROTOCOLOS DE ENCAMINHAMENTO

A Tabela 4.4 mostra a comparação do desempenho de todos os 5 protocolos com um número variável de nós móveis, bem como com um tráfego variável.

Tabela 4.4 Comparação do desempenho de 5 cinco protocolos

Protocol→		AODV		DSR		GRP		OLSR		TORA	
Nodes→		25	50	25	50	25	50	25	50	25	50
Traffic↓											
	PARAMETER↓										
	delay(sec)	0.001298	0.0017356	0.000377	0.003201	0.00869	0.00092	0.0005	0.0004137	-	-
FTP	load(bits/sec)	96,740.20	28,994.50	3,839.38	236,241.40	5,669.58	34,118.20	31,727.52	60,095.25	199.16	398.98
	thr.(bits/sec)	1,502,812	33,576.81	2,981.12	273,740.20	4,934,917	36,561.27	44,680.39	101,979.02	-	-
	delay(sec)	0.001237	0.001778	0.016691	0.003166	0.000642	0.00062	0.000536	0.000571	-	-
VIDEO	load(bits/sec)	90,880.60	412,189.96	16,082.71	392,784.80	8,912.36	28,080.01	57,888.75	198,665.70	200.32	400,124
	thr.(bits/sec)	1,365,896	886,102.77	15,36.324	410,735.78	9,330.47	29,304.48	82,183.28	368,108.96	-	-
	delay(sec)	0.0013	0.004642	0.001613	same as	0.000279	0.00109	0.00055	0.000658	-	-
VOICE	load(bits/sec)	93,032,564	237,438.49	48,507.34	50 nodes	3,800.99	57,553.07	30,728.60	270,126.03	same as video	
	thr.(bits/sec)	1,434,398	318,287.08	59,827.05	video	3,463.52	61,316.68	48,097.91	473,818.39	-	-

CAPÍTULO 5
CONCLUSÃO E ÂMBITO FUTURO

5.1 CONCLUSÃO

Neste trabalho, o desempenho de cinco protocolos AODV, DSR, GRP, OLSR e TORA é analisado com várias aplicações com base no atraso, na carga e no rendimento. Avaliámos o desempenho da MANET com cinco protocolos de encaminhamento com tráfego de FTP, vídeo e voz utilizando o simulador OPNET.

- No tráfego FTP, 25 nós AODV têm um atraso elevado, 50 nós DSR têm uma carga elevada e 25 nós GRP têm uma taxa de transferência elevada.
- No tráfego de vídeo, 25 nós AODV têm um atraso elevado, 50 nós DSR têm uma carga elevada, 25 nós AODV têm uma taxa de transferência elevada.
- No tráfego de voz, 50 nós GRP têm um atraso elevado, 25 nós AODV têm uma carga elevada e 25 nós AODV têm uma taxa de transferência elevada.
- O TORA tem um mau desempenho em comparação com todos os outros protocolos.

5.2 ÂMBITO FUTURO

Neste trabalho, a análise do desempenho de cinco protocolos AODV, DSR, GRP, OLSR e TORA é avaliada para um número variável de nós, bem como para o número de aplicações. No futuro, o trabalho pode ser alargado da seguinte forma

- Análise com mais em protocolos.
- Análise com o aumento do número de nós.
- Análise com diferentes aplicações.

REFERÊNCIAS

1. YAnne Marie Hegland, Eliwinjum et al., "A Survey Of Key Management In Ad Hoc Networks," IEEE Communications Surveys & Tutorials, Vol 8, No. 3 (1553-877X),2006
2. Wassim El-Hajj, Ala Al-Fuqaha, "On Efficient Network Planning And Routing In Large- Scale Manets," IEEE Transactions On Vehicular Technology, Vol. 58, No. 7, (00189545), 2009
3. Sungwon Kim, Chul-Ho Lee, "Super diffusive Behavior Of Mobile Nodes And Its Impact On Routing Protocol Performance," IEEE Transactions On Mobile Computing, Vol. 9, No. 2, (1536-1233), 2010
4. Sunil Taneja, Ashwani Kush, "A Survey Of Routing Protocols In Mobile Ad Hoc Networks," International Journal Of Innovation Management And Technology, Vol. 1, No. 3,(2010-0248), August2010
5. Jahangir Khan, "MANET Reactive Protocols-Tutorial Review", International Journal of Computer Applications, Vol 12, No.4, (0975 - 8887), dezembro de 2010
6. G.Vijaya Kumar, Y.Vasudeva Reddyr, et al., "Current Research Work On Routing Protocols For MANET," International Journal On Computer Science And Engineering, Vol. 02, No. 03, (0975-3397), 2010
7. Sandeep Kaur, Nitin Bhatia, et al., "Simulation Analysis Of AODV Routing Protocol Of MANET Using OPNET," International Journal Of Advanced Research In Computer Science And Software Engineering Vol. 2, Issue 3, (0976-8491), September 2011.
8. Tamilarasan-Santhamurthy, LITAM, "A Quantitative Study And Comparison Of AODV, OLSR And TORA Routing Protocols In MANET," International Journal Of Computer Science Issues, Vol. 9, Issue 1, No 1, (1694-0814) , janeiro de 2012
9. Parulpreet Singh, Ekta Barkhodia et al., "Performance Study Of Different Routing Protocols (OLSR,DSR, AODV) Under Different Traffic Loads And With Same Number Of Nodes In MANET Using OPNET," International Journal of Electronics & Communication Technology, Vol. 3, Issue 1, ISSN : 2230-7109 (Online),March 2012
10. Kuldeep Vats, Mandeep Dalal, et al., "OPNET Based Simulation And Performance Analysis Of GRP Routing Protocol," International Journal Of Advanced Research In Computer Science And Software Engineering, Vol. 2, Issue 3, (2277 128X), março de 2012
11. Naveen Biland, Harsh K Verma, Suryakant, "Análise comparativa dos protocolos de roteamento GRP e TORA Manet usando OPNET", Jornal Internacional de Pesquisa Avançada em Ciência da Computação e Engenharia de Software, Vol 2, Edição 4 (2277-128X), abril de 2012

12. Sunil Kumar, "Protocolos de encaminhamento reactivos e proactivos para redes em malha sem fios utilizando Multimedia Streaming," Conferência internacional sobre avanços recentes e tendências futuras em procedimentos de tecnologia da informação publicados no International Journal Of Computer Applications® (UCA).2012
13. Gurpinder Singh, Jaswinder Singh, abril de 2012, "MANET: Issues And Behavior Analysis Of Routing Protocols," Revista Internacional de Investigação Avançada em Ciências Informáticas e Engenharia de Software, Vol. 2, Issue 4, (2277 128X).
14. Seon Young Han, Dongman Lee, "An Adaptive Hello Messaging Scheme For Neighbor Discovery In On-Demand MANET Routing Protocols," IEEE Communications Letters, Vol. 17, No. 5, (1089-7798) , maio de 2013
15. Harmanpreet Kaur, Er. Jaswinder Singh, "Performance Comparison Of OLSR, GRP And TORA Using OPNET," International Journal Of Advanced Research In Computer Science And Software Engineering, Vol 2, Issue 10, (2277 128X) , October 2012
16. A.Valarmozhi, M.Subala, et al., "Survey of Wireless Mesh Network," International Journal of Engineering and Innovative Technology, Vol 2, Issue 6, (2277-3754) , December 2012
17. Jatin Gupta, Ritika Gupta, "RELATIVE INVESTIGATION OF OLSR, TORA AND GRP ROUTING PROTOCOL USING OPNET," International Journal Of Computer Science And Mobile Computing, Vol. 2, Issue. 7, (2320-088X) , julho de 2013
18. Uma Mani, Ramasamy Chandrasekaran et al., "STUDY AND ANALYSIS OF ROUTING PROTOCOLS IN MOBILE AD-HOC NETWORK," Journal0f Computer Science (1549-3636),2013
19. Sabbar Insaif Jassim, "Estudo de desempenho dos protocolos de roteamento MANET AODV, GRP e Ospfv3 usando o OPNET Modeler", Journal Of Engineering. Vol 19, No 8, agosto de 2013
20. Puneet Mittal, Paramjeet Singh, "ANÁLISE DO DESEMPENHO DOS PROTOCOLOS DE ROTULAGEM AODV, OLSR, GRP E DSR COM CARGA DE BASE DE DADOS EM MANET", International Journal Of Research In Engineering And Technology, Vol 02, Issue 09, (2319 1163), setembro de 2013
21. Jagdeep Singh, Dr. Rajiv Mahajan, "Performance Analysis Of AODV And OLSR Using OPNET," International Journal Of Computer Trends And Technology, Vol 5, No 3,(2231-2803),Nov2013.
22. http://w3.antd.nist.gov/wctg/manet/docs/perf_routing_protocols.pdf
23. http://www.opnet.com

MIX
Papier aus verantwortungsvollen Quellen
Paper from responsible sources
FSC® C105338

Printed by Books on Demand GmbH, Norderstedt / Germany